RÉVEILLE TON POUVOIR

Le parchemin de la vie

MIROLL MBA

Les éditions du MUNTU

ISBN
978-2492170522

Concepteur de la couverture : Les Éditions du MUNTU
Numéro de contrôle de la bibliothèque du Congrès américain : 21-14002810171
Imprimé aux États-Unis d'Amérique

www.mirollmba.com

DÉDICACE

Ce livre est dédié à toute personne qui prend ou souhaite prendre conscience de son existence, assoiffée de la connaissance, la guérison et le succès : il assure la renaissance, garantit le bonheur, l'éveil spirituel et une vision plus claire et net de notre existence, de ce qu'est la vie et l'univers, entrainant automatiquement la réussite dans tout ce que l'on puisse entreprendre de positif et constructif.

"LE VRAI POUVOIR, C'EST LA CONNAISSANCE"

Francis Bacon - Philosophe anglais

AVANT-PROPOS

Ce livre intitulé **RÉVEILLE TON POUVOIR** est un véritable parchemin de la vie, une grande thérapie, une orientation vers le succès et une source de bonheur. Il répond à la question de l'existentialisme et de la réussite. L'auteure de ce livre, est une jeune femme appelée **MIROLL MBA**, née le 07 septembre 1987 à l'Ouest du Cameroun, avec en elle un don de guérir les âmes en détresse, les motiver, les stimuler, les orienter vers le succès, ce qui fait d'elle une âme guérisseuse, d'éveil spirituel et de développement personnel. Après avoir reçu et répondu favorablement à l'appel du Divin, qui est celui de tout abandonner et de suivre sa mission de vie. Elle décide donc de se révéler publiquement à travers l'écriture, en écrivant son tout premier livre, afin d'impacter un maximum d'âmes, d'apporter des éléments de réponse qui leur permettront de connaître leur raison d'être et celle de l'univers, dans la première partie dont le titre est : **CONNAÎT QUI ET OÙ TU ES ; L'UNIVERS ET MOI.**

Ensuite, de découvrir leur mission de vie, tout en sachant non seulement distinguer leur mission de vie de leurs rêves ou ambitions, mais aussi de savoir pourquoi il est très important d'accepter sa mission de vie et de l'effectuer même en réalisant en parallèle son rêve, car notre mission de vie nous fabrique,

mais c'est nous qui fabriquons nos rêves. Lequel semble pénible ? D'où la deuxième partie : **RÉINVENTE-TOI**.
Il faut également savoir commercialiser ses dons et talents en plus de ses connaissances, afin d'embrasser le succès et le plaisir d'être authentique, ceci dans la troisième partie intitulée : **VENDS-TOI**.

Enfin, il faut transmettre ses valeurs aux futures générations, tel un héritage, dans la quatrième partie : **TRANSMETS TES CONNAISSANCES**.

Beaucoup d'âmes sont sans repères dans ce monde et complètement perdues, au point de se suicider, juste parce qu'elles vivent une vie qui n'est pas la leur. Par conséquent, elles sont en désaccord avec elles-mêmes et avec l'univers. Il n'y a rien de plus suicidaire que d'être en désaccord avec soi. C'est un véritable mal-être inexplicable ; c'est la dépression totale, la frustration et le stress en permanence. L'esprit, le corps et l'âme se doivent de former un. Ainsi, vous ressentirez un bonheur profond, une joie immense et une apparence vraie. Comme on le dit communément : “l'apparence est trompeuse”. En fait, elle est trompeuse justement quand elle est en désaccord avec vous-même. La vôtre sera désormais vraie. Il suffit de lire ce livre et d'accepter que, vous êtes unique en votre genre. Afin d'aller au fond de vous chercher la personne que vous êtes réellement. Retenez surtout une chose, c'est à vous de vous dévoiler à la société, ce n'est pas à la société de vous dévoiler à vous-même. Car ta personnalité et ta mission de vie sont enfouies en toi et personne d'autre que toi, ne peut percer le mystérieux pouvoir qui est caché en toi. Surpris de mon raisonnement, les gens sont souvent curieux de savoir d'où me vient l'inspiration. En fait, mon inspiration est divine, les gens qui ont la connaissance savent de quoi je parle. Surtout les initiés. Je reçois très spontanément de grandes révélations, certaines me font parfois entrer en transe, comme si des esprits entrent en moi pour parler. Je les reçois aussi en songe. Ma vie est faite de songes. À chaque question, j'ai des réponses. Il suffit juste que j'y pense vraiment de jour comme de nuit, j'aurai la réponse. Je suis vraiment connectée à l'univers. Et c'est aussi ça que j'enseigne à travers mes écrits. Nous recevons tous des messages, mais où est le discernement ?

Ce n'est qu'en se repliant sur soi-même qu'on finit par comprendre l'essence même de notre existence, cette partie invisible qu'est le monde spirituel, donc la spiritualité. Afin de se reconstruire et de se positionner sur le marché en y apportant une touche singulière et très particulière. Certains verront cela comme un lourd sacrifice, car il est question de tout abandonner pour se recentrer sur soi et se connecter à l'univers. Quant à moi, j'ai tout simplement dit "oui". Car tant que ma mission est d'éveiller les autres, je le ferai avec plaisir. Mon amour pour l'humanité est immense. Du moins, qui suis-je, pour imposer ma direction au Père créateur ? Vivement, que sa volonté soit faite.

Introduction

Qui suis-je ? Où suis-je ? Que faire ? Comment le faire ? Telles sont les premières questions qu'une personne qui prend conscience de son existence et assoiffée de la réussite se pose. En effet, nous naissons dans un monde comme un produit qui se retrouve sur le marché sans aucune indication ni contre-indication. Bref, sans notice. Autant les autres se posent des questions sur nous, autant nous nous posons des questions sur nous-mêmes et tout ce qui nous entoure. Des questions parfois sans réponses exactes. Car nul ne naît avec cette notice ou un parchemin de sa vie rédigé et posé quelque part. Cependant chacun nait avec en lui, son destin, sa direction, sa destination. Mais alors :

- Combien ont conscience de cela ?

-Combien suivent la voix qui parle en eux ?

- Combien savent l'exploiter ?

- Combien savent que c'est là même la fondation exacte sur laquelle ils se doivent de bâtir leur empire ? - Combien savent qu'ils ont une valeur unique, spéciale et particulière ? - Combien valorisent leur particularité, leur différence, leur don, leur talent ? - Combien savent qu'ils doivent se démarquer et vivre de leur don ou talent ? - Combien savent se vendre ? - Combien partagent et enseignent leurs connaissances ? Dès notre venue sur terre, la société nous corrompt. Mais au moment où il s'avère que nous sommes seuls face à notre destin, seul notre

guide intérieur prend le contrôle. De la question de l'existentialiste à la solution business, tels sont les points exacts où se situe le monde actuel. Donc, il faut :
- Apprendre à se connaître.
- Découvrir son don.
- Se démarquer et se vendre.

Car nous vivons dans un monde où l'argent et le matériel prennent de plus en plus le "pouvoir". Ce qui n'est purement et simplement qu'illusion. En réalité, chaque être humain a en lui un pouvoir qui réside dans son âme et son esprit. Ce pouvoir qui ne prend effet que par la connaissance et l'action. Car on ne fait valoir que ce dont on a conscience de l'existence et dont la conviction de sa possession est prouvée. L'argent et toute autre forme de monnaie ne sont que des unités de valeur permettant de faciliter l'échange et d'acquérir des biens et des services. Ce qui n'est pas du tout négligeable, au contraire, c'est d'une importance très capitale et remarquable. Mais ces outils de change fabriqués et évalués par nous les humains, peuvent-ils renverser le pouvoir divin et l'autorité divine des êtres humains ?

Par-dessus tout, les éléments inestimables, inévaluables, des choses fixes qui sont les mêmes hier, aujourd'hui, demain et éternellement : c'est-à-dire l'aspect immatériel du monde, qu'est le côté spirituel ou monde invisible ?

C'est pourquoi il faut booster sa spiritualité, connaître qui nous sommes aussi bien que l'univers qui nous entoure, afin d'avoir accès à de grands secrets de ce monde et de grandes révélations.

Le monde étant constitué à la fois d'un monde matériel et d'un monde immatériel.
Autrement dit, un monde visible et un monde invisible. Tout comme l'être humain est esprit, corps et âme. Le corps étant la partie physique de tout être vivant, est visible et saisissable. L'esprit et l'âme, sont les parties invisibles, car étant enfouies à l'intérieur du corps. Cela étant, l'âme c'est la vie. L'âme c'est l'essence qui permet le fonctionnement de notre corps et la liaison du corps à l'esprit. Certains vont jusqu'à dire que l'âme c'est l'énergie ou le souffle de vie ; pour d'autre, l'âme est dans le sang. Les trois étant bel et bien vivants, l'un est mortel et les autres immortels. On a tendance à abandonner ceux invisibles et à ne prendre soin que de notre partie visible, pourtant c'est la combinaison des trois qui fait notre être. C'est l'esprit qui fait notre personnalité, le corps notre personne et l'âme la partie vitale. Il y a donc y a donc une différence entre une personne et sa personnalité. Bien que ce soit la combinaison des deux qui forme un. La première n'est qu'apparence et l'autre est réalité. Cela dit, on peut rencontrer une personne spontanément, mais on prend du temps pour connaître sa personnalité. Se connaître ce n'est pas se regarder dans un miroir, mais c'est de connaître :

- Ses origines ancestrales ;
- L'origine et la signification de son nom ;
- Sa personnalité ;
- Sa destinée ...

Et réussir, c'est accepter de s'imposer en suivant un ensemble de disciplines qui, combiné à la connaissance donne place au bonheur. Depuis ma tendre enfance, pour avoir toujours fréquenté des écoles missionnaires, j'ai capté certains passages bibliques qui ont contribué à bâtir la personne que je suis, qui m'ont poussé à me plonger dans des recherches au plus profond de moi tout en observant les autres. Les principaux et les plus primordiaux sont :

- « Mon peuple périt faute de connaissance ».
- « L'Homme mangera à la sueur de son front ».

J'ai toujours perçu ces passages au-delà des écrits. La seconde étant plus simple et compréhensible, je me suis beaucoup et pendant longtemps interrogée sur elle. C'est ainsi que, j'ai pris la peine d'observer les gens de catégories et appartenances différentes, j'ai confronté le raisonnement des uns et des autres, avec ces questions toujours enfouies en moi :

- C'est quoi la connaissance ?
- Qui détient la connaissance ?

Les réponses à ces questions semblaient être selon moi, le centre même de la sagesse. Et je me suis résolue à prendre ce passage comme un mystère à percer. Raison pour laquelle, je m'étais promise depuis l'âge de huit ans, de contribuer à solutionner ce problème de connaissance, qui est en réalité le problème de fond de l'humanité, de générations en générations. En effet, la connaissance de soi et de l'univers sont des notions qui permettent à tout être humain de vivre pleinement, surement et longuement. Car celui qui a la connaissance a la vie. Savoir faire usage, mais alors bon usage de cette connaissance, permet de se rendre utile pour le bien de l'humanité et pour son bien personnel, car œuvrer c'est se démarquer et œuvrer en se créant un rendement c'est se donner de la valeur, tout en prévoyant de se mettre à l'abri du besoin. Sachant qu'on peut vivre de son art, de sa connaissance, de son don, de son talent. En gros, de son étoile. Mais alors, le doute et la peur sont des véritables ennemis de l'Homme. Et c'est l'ignorance qui nous plonge dans ces états d'esprit. Il est donc question ici d'éveiller les esprits, amener les gens à comprendre beaucoup de choses qui leur arrivent quotidiennement, tout en démontrant comment communiquer avec son esprit afin de bénéficier de toutes les grâces divines, surtout connaître et suivre sa mission de vie, savoir comment faire des choix de vie, bien plus, connaître le monde dans lequel on vit. Car il est très important, non seulement de se connaître, mais de savoir que l'univers a des lois qui s'imposent à nous, que nous le sachions ou non, car : "nul n'est censé ignorer la loi". Nous sommes certes, des êtres libres, mais quelle est la limite de notre liberté ?

Ainsi, nous avons un pouvoir sur l'univers et l'univers a un pouvoir sur nous. Celui qui le sait, en bénéficie à fond. C'est pourquoi on dit : « Celui qui a la connaissance, a le pouvoir ». Ce pouvoir qui sommeille en chacun de nous, juste par manque de connaissance et surtout de discernement. Et comme la connaissance en elle seule ne suffit pas pour prendre autorité dans ce monde si matérialiste, il faut bien savoir monétiser ce qu'on a de meilleur en soi.

Ce livre est un recueil qui permet et facilite l'éveil spirituel, la découverte de sa mission de vie afin de vivre de son don. Prendre son don comme plus ou principale source de revenu reste un choix. Car, être éveillé spirituellement permet déjà de sauver son âme, et d'avoir une paix d'esprit profonde et pure. Ainsi, on peut aisément embrasser le succès. Parce que la première étape de la réussite est de faire ce qu'on fait par amour et non par contrainte et surtout d'être heureux dans ce qu'on fait. Et l'on ne peut être heureux que lorsqu'on est en accord avec soi-même et envers les lois de l'univers.

PRÉFACE

Réveille ton pouvoir est un trésor basé sur la connaissance, la spiritualité, le développement personnel et le succès. Il permet de mieux se connaître, de briser les chaînes de son passé, afin d'embrasser la réussite pour certains, la longévité pour d'autres et la combinaison des deux pour les plus rusés. C'est un véritable guérisseur d'âme, car il facilite l'accès au discernement qu'est la sagesse et enterre l'ignorance qui est un gros tueur silencieux de l'Homme. Ce parchemin de vie vous permettra d'être la meilleure version de vous-même comme vous ne l'avez jamais imaginé.

L'auteure parle en connaissance de cause, elle qui a été appelée par l'Esprit à servir l'humanité par son don de voyance. Elle est reconnue et distinguée pour son don de guérison à travers l'écoute, les conseils et la motivation chaque fois que la nature lui présente une occasion. Elle coache et conseille au quotidien des personnes qui, par la grâce de Dieu, prennent de la hauteur et excellent. C'est pourquoi, malgré son quotidien acharné en tant qu'entrepreneure et business owner, elle décide de mettre son appel à contribution au service du grand nombre.

Miroll Mba confirme l'adage qui stipule que : « Nul n'est prophète chez soi » ; elle se lance dans l'écriture et publie son tout premier livre intitulé **RÉVEILLE TON POUVOIR**.

PROLOGUE

L'APPEL: "J'AI DIT OUI"

'intérieur de moi, j'entends une voix.
ns mon sommeil, je l'entends.
l'extérieur, je ressens parfois cette forte présence.
ı dure des années, cela dure des décennies.
ois je tremble, parfois je suis courageuse.
ois je l'accepte, parfois je résiste.
ux me créer un chemin, je veux me créer mon chemin,
je me sens contrecarrée.
ssion est lourde, la mission est grande, la mission est là,
'est ma mission.

iété a plus ou moins une influence sur moi. Mes rêves ıentaux me regardent, mes ambitions m'appellent, mais ıtion s'impose à moi, mon destin s'impose à moi et c'est 't que moi. J'ai finalement dit oui ! La mission sera rès lourde, mais tant qu'il s'agit de guérir les âmes, je le volontiers. Parce que, ma mission première est de aux gens de se connaître, s'accepter, se réaliser et se fin de vivre heureux et bâtir un héritage, malgré du monde extérieur. Ce n'est d'ailleurs pas un hasard choisi, c'est parce qu'il m'a bâtie pour cela.

Qui suis-je, pour le contredire ?
Qui suis-je, pour lui imposer mon chemin ?
Qui suis-je pour lui dire non ?
J'ai dit oui, j'ai finalement répondu à l'appel. Priez pour moi, car ma mission est lourde, très lourde. Mais c'est ma mission !

Je donnerai le meilleur de moi, je resterai naturelle, je ferai les choses exactement comme indiquées, exactement comme elles me sont et me seront révélées. Dans la justice et l'impartialité absolues, dans la vérité et dans la paix, car je suis au service de l'humanité.

La spiritualité est l'essence même du monde physique, le bonheur passe par la réussite et la connaissance est le secret du pouvoir et de la longévité.

Moi, **MIROLL MBA**, j'ai dit oui !

Titre de page

RÉVEILLE TON POUVOIR

UN LIVRE BASÉ SUR LA CONNAISSANCE, LA SPIRITUALITÉ, LE DÉVELOPPEMENT PERSONNEL ET LE SUCCÈS.

Par Miroll MBA

www.mirollmba.com

PARTIE I

CONNAÎT QUI ET OÙ TU ES : L'UNIVERS ET MOI

INTRODUCTION

Parfois, l'on veut conquérir le monde sans jamais chercher à connaître qui l'on est réellement et qu'est-ce que le monde en réalité.

Il serait primordial avant tout de :

- Faire connaissance avec soi-même, c'est-à-dire, chercher au fond de soi la personne qu'on est réellement, nos origines et notre destinée.
- Chercher à connaître l'univers et ses lois.
- Se connecter avec l'univers.
- Activer en soi tout ce qui nous permettra d'avoir un contact direct avec chaque élément de la nature car l'activateur est en chacun de nous.

D'où : **LA CONNAISSANCE DE SOI ET DE L'UNIVERS.**

CHAPITRE I : LA CONNAISSANCE

La connaissance est le point exact de la sagesse.
La connaissance distingue, rassure et assure.
La connaissance impose l'humilité, le calme, la douceur, le respect, la joie de vivre, le sourire, l'écoute, le pardon, l'observation, la compréhension, la prudence… Cet ensemble qui constitue :

- Un charisme inné ;
- Un respect imposé ;
- Une beauté remarquable ;
- Une compagnie désirable En gros, un charme.

La connaissance doit être distincte du savoir, car la connaissance provient de notre fond intérieur, de nos expériences, notre capacité à observer, écouter et discerner sans privilège, sans préférence, sans appartenance, bref, dans l'impartialité et la neutralité totale. Tandis que le savoir provient essentiellement des enseignements extérieurs à nous, tels que des :

- Livres et supports ;
- Histoires vécues par les autres ou histoires inventées.
- Expériences et pensées des autres...

La connaissance émane également d'une succession de révélations, du discernement, des expériences vécues et de la conviction avec laquelle nous appréhendons chaque révélation.

De la connaissance, se passe une grande élévation spirituelle. Car on a conscience et accès aux secrets tant visibles qu'invisibles de ce monde. Il faut les comprendre et les discerner selon le degré de conviction personnelle. Le discernement étant l'ouverture spontanée de l'esprit, apte à recevoir, comprendre et structurer les informations tant du monde invisible que visible.

De manière vague, la connaissance réside à plusieurs niveaux et dans plusieurs ou tous les domaines de la vie. Ainsi on a :

- La connaissance de soi ;
- La connaissance de l'univers ;
- La connaissance de la société.

Cet ensemble qui constitue ainsi les éléments clés de la Sagesse.

Si à cela s'ajuste :

- Le savoir professionnel ;
- Le savoir structurel ;
- Le savoir organisationnel.

Les armes du succès peuvent s'avouer acquises.
De plus, si l'action, la détermination et le jusqu'au-boutisme suivent, le succès est assuré.

Cependant, la première étape du bonheur est la combinaison de :

- La connaissance de soi ;
- L'acceptation de soi ;
- La décision d'être soi.

En effet, les trois premiers s'acquièrent avec le temps, l'expérience, selon le vécu quotidien et par des révélations. Les deux autres s'acquièrent par des formations, des documentations et des recherches, c'est pourquoi ils sont qualifiés comme étant le savoir et demeurent une décision personnelle. Il est donc primordial afin de rester dans un contexte de spiritualité, de privilégier la connaissance de soi et de l'univers.

I. LA CONNAISSANCE DE SOI ET DE L'UNIVERS

La connaissance de soi et de l'univers est le début du succès qui garantit l'expérience du bonheur et l'espérance de la longévité. La connaissance est le point initial sur lequel chaque personne consciente de son existence doit travailler, afin de faire connaissance avec lui-même et le monde naturel dans lequel il vit. L'univers ayant ses lois qui ne tiennent pas compte de l'ignorance des uns et des autres. Car la connaissance s'oppose complètement à l'ignorance qui fait en revanche périr des peuples de générations en générations ; l'ignorance détruit complètement. En effet, si la connaissance peut se traduire en savoir afin d'être transmissible, l'ignorance quant à elle, est plutôt très virale et toxique. L'ignorance est un virus silencieux qui se propage aisément, s'implante rapidement et résiste énormément. Surtout quand l'ignorant est ignorant de son ignorance. L'ignorance étant juste le moindre effort, il suffit de ne rien faire de soi, ni pour soi afin d'y demeurer. Pourtant, il faut faire travailler tous ses sens et ses dons, accepter l'endurance, aimer la persévérance, se doter de patience, afin d'avoir l'expérience qui entraine et approuve la connaissance. Surtout affronter la vie avec beaucoup d'ardeur et de discernement. Car connaître c'est bien, mais discerner c'est meilleur. Cela dit, la connaissance porte le monde, mais le discernement le dirige.

Parlant de soi, je parle de moi, sachant que je suis constituée de l'esprit, du corps et de l'âme. En effet, l'être humain nait, vit et meurt. Mais alors durant leur cycle de vie,

- Combien savent qui ils sont réellement ? La connaissance de soi : qui suis-je ?
- Combien savent qu'ils ont une mission sur cette terre ? Pourquoi suis-je dans ce monde ?
- Combien connaissent le but de leur existence ?
- Combien réalisent leur mission de vie ? Je n'ai pas dit leur rêve, mais j'ai dit leur mission de vie, ce pourquoi ils ont

été envoyés dans ce monde. La raison même de leur existence.

- Combien vivent leur propre vie ; leur vie réelle ? Vivre la vie et vivre sa vie, sont deux choses différentes. Dans un cas, on subit, dans l'autre, on est épanoui.
- Combien accordent du temps et de l'importance à leur existence ?
- Combien prennent-ils du temps pour eux ?
- Combien vivent heureux ?
- Combien connaissent le succès ?
- Combien ont conscience que la notice ou le parchemin de leur vie est enfoui en eux ? Leur guide spirituel.
- Combien savent qu'ils sont dotés d'un ou plusieurs dons appelés aussi talent ou vocation ?
- Même si certains le savent…
- Combien l'exploitent ?
- Combien vivent de leurs dons ou de leurs talents ?
- Combien savent qu'ils ont des pouvoirs qui sommeillent en eux ?
- Combien savent qu'ils ont un pouvoir sur l'univers et que l'univers a un pouvoir sur eux ?
- Combien font vraiment connaissance avec le monde dans lequel ils vivent ; l'univers ? La connaissance de l'univers ?
- Combien comprennent la vie ?

- Combien connaissent et comprennent l'univers et ses lois ?
- Combien cherchent la vérité et les secrets de ce monde ?

Nul n'est sans ignorer que nous sommes corps, esprit et âme. Mais beaucoup se limitent à faire connaissance, à entretenir et protéger uniquement la partie visible de leur être. Pareil pour ce qui les entoure. Selon ces personnes, il n'existe que ce qui est visible à l'œil nu. Pour eux, ce qui ne se voit pas n'existe pas. D'après donc ce raisonnement, le monde invisible n'existe tout simplement pas. "grosse erreur" !
Peut-on être limité à ce point ?

Il est très pertinent de rappeler que l'ignorance des uns fait le bonheur des autres. Raison pour laquelle il y en a qui investissent assez pour maintenir un maximum d'âmes dans l'ignorance, pour les plus débiles et le doute pour les plus éveillés. Donc leur montrer que le monde invisible et spirituel n'existe pas, est déjà pour eux une grande victoire d'une part : c'est un moyen de dissuader beaucoup de personnes. Et d'autre part, orienter leur croyance consiste à les canaliser afin d'évaluer et limiter leur manière de penser. Tout en leur offrant des solutions virtuelles, incompréhensives dans le fond, mais simples et à la portée de tous. Car l'être humain par son égo, respecte plus, valorise et adore mieux l'inconnu, l'inaccessible, le virtuel. La réalité n'étant pas toujours extraordinaire.

II. LA CONNAISSANCE DE L'UNIVERS

L'univers est l'ensemble des éléments de la nature qui nous entourent afin de rendre possible la vie. Tels sont : l'eau, les plantes, les animaux, l'air, le soleil, la lune, les étoiles, la terre, les pierres, l'humanité etc.
Mais alors :

- Ces éléments n'ont-ils qu'un aspect physique ?
- Quel serait donc l'impact de chacun d'eux sur notre existence ?

Telles sont les questions basiques qu'une personne se pose lorsqu'elle prend conscience de son existence et des éléments qui l'entoure.

Bien sûr, chaque réponse vous sera révélée, car toute personne a le droit de connaître la vérité. Il suffit juste de demander. C'est à ce moment que l'on comprend qu'il y a le savoir (l'étude) et la connaissance. Et qu'en réalité Dieu nous parle en esprit, à travers notre esprit, c'est nous qui ne comprenons juste pas. Il est donc très important de développer un moyen de communication avec lui, afin d'avoir désormais accès à tout ce qu'il vous envoie comme message. Il est également très important de savoir que l'univers a ses lois qui se doivent d'être connues par l'Homme. Cette connaissance devrait être transmise par nos parents de génération en génération, et

même être enseignée. Car l'univers ne tient pas compte de l'ignorance des uns et des autres.
Beaucoup de personnes apprennent par elles-mêmes, suite parfois à des erreurs commises et après avoir payé le prix. Généralement c'est par une souffrance débordante qu'on apprend de ses erreurs, pourtant ces erreurs auraient pu être évitées si au travers de notre éducation, on avait reçu un minimum de connaissance. C'est également vrai que la nature humaine est rebelle, chacun a besoin d'avoir son expérience personnelle pour en tirer des leçons. C'est parfois dommage, car on se retrouve quelquefois face à l'irréparable. Il faut savoir que l'univers est strict, et ne pardonne malheureusement pas.

Des gens commettent des torts et demandent pardon, parfois en pleurant même. Ce qui est bien, mais à observer le monde et ses réalités, il faudrait se poser la question de savoir si le pardon existe réellement. Car si le pardon existait réellement, le karma n'existerait pas. Et si le karma existe pour certains, mais pas pour d'autres, c'est qu'on ne parlera plus de justice divine, mais d'injustice divine. Si pour un acte commis des générations peuvent endurer le poids et payer le prix, il serait mieux d'éviter de poser des actes contre-nature, plutôt que d'espérer un pardon quelconque. Car même si tu ne payes pas, ton enfant payera, ainsi de suite, jusqu'à la quatrième génération, selon les écrits. Certaines personnes ont développé en elles une grande ignorance, au point de toujours condamner les pratiques et croyances des autres.

Reconnaitre une personne spirituellement élevée est facile. Il suffit juste d'écouter son raisonnement. Car la spiritualité impose la connaissance, qu'est tout simplement la sagesse. En réalité, tous les éléments de la nature ont une raison d'être vitale et spirituelle et peuvent être utilisés dans le domaine de la spiritualité et de la vie. C'est donc pourquoi les peuples ont des croyances différentes, ce qui n'est pas à tort. Ils parlent pour certains au soleil, d'autres à la lune, aux étoiles, aux plantes, à la terre, aux rochers, sur des montagnes, au vent, à la pluie, à l'eau, aux animaux, à la fourmilière, aux enfants nés avec certains signes… Cependant, les éléments communs et majeurs du monde spirituel sont : la pensée, la parole, la justice, la vérité, le karma.

Avec au sommet un seul et unique juge très impartial qui est Dieu, dont le nom ou l'appellation change selon les langues. Il est très important de rappeler que le pardon n'existe pas, en d'autres termes, rien n'efface les actes posés et les paroles prononcées. Ce n'est qu'une illusion et un sentiment d'apaisement que procure l'idée d'avoir été pardonné. Car, si le pardon existe, le karma n'existe pas et vice-versa. En revanche il existe des principes de compensation des dettes ou actes posés, c'est le principe de l'équilibre entre le mal et bien posé. C'est pourquoi beaucoup de personnes qui font trop de mal font aussi de grandes œuvres charitables et sociales, afin de soit transférer leur karma, soit l'annuler. Mais cela ne marche pas toujours à 100%. Comme le dit un adage : « 99 jours pour le voleur, un seul jour pour le patron ».

Donc, vaut mieux bâtir sa personnalité sur la justice et la vérité, ainsi tous les éléments de la nature se mettront automatiquement en ta faveur. Il te suffira juste de demander, et tu recevras de façon prompte, les désirs de ton cœur. Les gens te feront du mal à tort, mais la nature te protègera. Les gens cultivent parfois en eux des caractères qui rendent leur esprit vulnérable. Il faut faire très attention aux actes que vous posez. Et toujours faire bon usage de tous ces éléments de la nature, disposés à nous servir. Sans toutefois oublier que rien n'est sans conséquences. On peut certes, utiliser ces éléments en bien ou en mal. Mais l'usage en bien attire des ondes ou des énergies positives et l'usage en mal attire des ondes ou des énergies négatives, tout en permettant un retour karmique.

Le soleil par exemple est l'œil du monde, la lumière qui éclaire le monde, ce qui rend la vie possible, le même depuis la création, il se lève toujours à l'Est et se couche à l'Ouest. Le véritable témoin de tout ce qui se passe au monde car il est le même qui éclaire en Europe, en Amérique, en Asie, en Afrique, dans le ciel, sur la terre entière. Beaucoup de choses se passent sous son regard et il les enregistre tous. C'est le père de la nature, il illumine nos maisons, nos vies… et nous fait de grandes révélations si nous les lui demandons. De génération en génération, il est témoin de plusieurs actes posés et passés depuis la création à nos jours et le sera pour des générations à venir. Il voit ce qui se passe en plein jour et la lune en pleine nuit.

Saviez-vous que le soleil est la plus grande caméra du monde ? Il voit tout, l'enregistre et peut le transmettre à qui il veut, ou aux personnes concernées. Ceci à travers des visions et surtout des rêves. Il suffit de demander et il vous montrera en rêve le scénario de tout ce qui se passe et s'est passé dans ce monde. Bien plus, ce que vos ennemis complotent contre vous. C'est pourquoi beaucoup de mauvaises choses se passent dans l'obscurité et non sous le soleil. Si vous communiquez avec le soleil, beaucoup de secrets de ce monde vous seront dévoilés en rêve.

Fais de la nature et de tous ses éléments tes véritables compagnons et tu ne sauras plus jamais ce qu'est la solitude, tellement tu apprécieras mieux ces moments seul à seul avec l'univers. Sois une personne juste et vraie, la nature se mettra à ton service pour te défendre, il suffira juste de demander. Celui qui utilise la nature pour faire du mal, ouvre sa vie et celle de sa descendance à tout éventuel karma. Au lieu de t'apitoyer sur ton sort, apprends à communiquer avec la nature et à mettre chacun de ses éléments à ton service. Surtout le Soleil. Comme vous le voyez illuminer ce monde, sachez qu'il est là pour illuminer vos vies. On dit souvent que qui ne dit mot consent, c'est-à-dire que si quelqu'un pose un acte à ton égard et tu restes calme au lieu de charger la nature de te défendre, c'est que tu es sans doute d'accord. Car ce qui paraît mauvais à nos yeux humains ne l'est pas toujours à Dieu et à l'univers. C'est pourquoi il faut toujours parler à la nature, lui demander ce que vous voulez et non ce que vous ne voulez pas.

Le problème c'est que beaucoup ne savent pas formuler leurs intentions. Et reçoivent par conséquent l'inverse de leurs attentes. Il faut bannir les phrases négatives de votre langage. Par exemple, vous voulez la guérison, au lieu de dire Seigneur je veux être en parfaite santé, vous dites plutôt, Seigneur, je ne veux plus être malade. Quand vous enlevez le « ne plus », il reste : « Seigneur, je veux être malade ». Vraiment, vous serez correctement malade et ceci à votre demande. La nature ne connaît pas la négation. Avoir la pensée positive c'est tout simplement bannir la négation de son langage. Telle est également, la connaissance.

La connaissance est la clé du pouvoir et de la domination. Donc, arme-toi de la connaissance et utilise-la pour ta vie et ton élévation. Malheureusement, le monde des humains préfère que certains secrets soient cachés, afin de mieux dominer le monde. Ainsi, il faut laisser les gens dans l'ignorance. Puisque si tout le monde a la connaissance, qui sera donc au service de l'autre ? Quand on a la connaissance, on devient humble, car la connaissance impose l'humilité.
C'est une personne qui se sent dernière qui utilise la connaissance pour s'enorgueillir. D'ailleurs, on peut s'enorgueillir avec le savoir, ce savoir qui procure des diplômes, mais pas la connaissance, car la connaissance c'est la sagesse. La connaissance est le produit des attaques et des expériences

tant physiques que mystiques. La connaissance est le fruit de l'école de la vie. Bien qu'ayant des prédispositions à la base, il faut endurer des épreuves et surtout les braver. La connaissance part de l'essence même de notre personne, de notre être.

Pour mieux connaître l'univers dans lequel on vit, il faut observer les éléments de la nature, voir quel est leur apport au monde physique, rechercher leur impact dans le spirituel. C'est ce que font les scientifiques, les physiciens, les philosophes… Pour transformer le monde et y apporter des solutions visant à améliorer les conditions de vie.

III. LA CONNAISSANCE DE SOI

La vie de chacun de nous semble prendre effet le jour de sa naissance, pourtant, à la naissance, nous portons déjà en nous le prix des actes posés (en bien ou en mal) par nos ascendants encore appelés notre souche, nos racines nos ancêtres, nos origines. Ce prix qui s'étend jusqu'à la quatrième génération au minimum.

Est-ce là le péché originel ? Le péché dû à nos origines. L'être humain étant pécheur, pose des actes dans sa vie qui suivent sa descendance. Sans compter les énergies liées aux noms que nous portons. Tout comme le péché a des retombées néfastes, les bienfaits ont des retombées positives. La connaissance de soi passe par la connaissance de nos origines et du nom qu'on porte. C'est-à-dire que pour mieux se connaître, il faut déjà connaître ses origines (les liens ancestraux) et surtout l'origine du nom que nous portons. Car nos ancêtres et notre nom sont les éléments de base et originels de notre être.

CHAPITRE II : LE NOM

Le nom que nous portons ; notre appellation, nos attributions, c'est ce qui nous désigne, nous interpelle et nous distingue parmi de nombreuses personnes. Ces noms que chacun de nous porte semblent être de simples attributions pour désigner la personne dès sa naissance ou à un moment donné de son existence. Mais alors, même si les noms semblent être de simples attributions, sont-ils aussi et toujours simples comme on le pense naïvement, simplement et inconsciemment ?

De manière générale, nous attribuons et portons des noms des personnes qui nous ont précédés. Du moins, qui ont vécu ou vivent encore dans ce monde. Plusieurs sont des proches, des êtres aimés, des personnes généralement connues et parfois des inconnues telles que des personnages historiques, religieux, des acteurs, des héros, des stars…Très peu de personnes composent complètement des noms imaginaires pour leurs enfants. Et même un nom supposé imaginaire peut avoir été porté par une personne qu'on ignore tout simplement. Les gens ayant parfois ou par coïncidence les mêmes inspirations. Savons-nous que, par-dessus la bonne tonalité d'un nom, son explication littéraire ou quelques fois historique l'attribue selon la personne ou le personnage physique ? C'est-à-dire la personne qu'on admire superficiellement et qui porte aussi ce même nom, il y a un côté très important, primordial et très urgent du nom, à savoir sa spiritualité, qui est l'ensemble des énergies et des connexions d'esprits que dégage ce nom. Le monde, étant à la fois physique et spirituel, tout acte que nous posons physiquement, reste gravé spirituellement, sachant que le corps physique meurt, mais l'esprit non. Donc tous nos actes restent éternellement attachés à notre esprit et à notre âme par notre nom. Cela dit, notre être est avant tout spirituel. Notre vie est le reflet premier de la spiritualité de notre nom, avant d'arriver aux actes de nos ascendants (quatre générations au moins), sans compter nos actes personnels, posés au fil de notre existence et influencés par le monde qui nous entoure.

Le nom, étymologiquement, peut avoir un bon sens, une signification époustouflante. Le personnage à qui lui était attribué par référence de notre part ou de nos parents était beau, intelligent, ou alors semblait avoir partiellement, selon nos recherches limitées ou approfondies, tout ce dont on admire. Mais alors, ce recensement et cette admiration, s'il reste uniquement sur le plan physique, serait un temps absolument perdu et toujours une attribution hasardeuse. Car si par chance la spiritualité des personnes qui ont porté ce nom avant est bonne, la personne qui porte ce nom sera épargnée des retours karmiques liés au nom. Si c'est l'inverse, la personne payera le prix et dans l'ignorance totale.
Certaines personnes, tout au long de leur vie, pensent parfois être victimes d'un sortilège, de l'abandon de Dieu...Pourtant, c'est purement et simplement le nom qu'elles portent qui les suit impérativement avec les ondes et les pactes y joints. Il y a

des cultures et des religions qui font des consultations spirituelles avant d'attribuer un nom à un enfant. Ils tiennent aussi compte de la compatibilité de ce nom par rapport à la date exacte de naissance du bébé. Un nom, pour des communautés et des personnes averties, ne se donne pas au hasard. La raison spirituelle étant très importante et primordiale.

I- QUEL RAPPORT Y A-T-IL ENTRE UN NOM ET LA SPIRITUALITÉ?

Un nom a en premier sa signification qui est très importante, mais ensuite, il faut savoir qui a porté ce nom avant. Beaucoup de personnes au cours de leur vie prennent des engagements, signent des contrats, font des alliances, appartiennent à des sociétés secrètes, ont des appartenances religieuses…Sachant que pour tout engagement, il faut y inscrire son nom, ils font donc des pactes en prononçant leur nom et scellent des alliances en ce nom. Si l'engagement est essentiellement physique, le nom inscrit fera purement et simplement référence à la personne physique et prendra fin au terme du contrat ou à la mort de ladite personne.

Mais si le lien est spirituel ou la combinaison des deux, le nom inscrit fera certes référence à la personne physique, mais le lien sera scellé entre son esprit, son âme et les esprits avec lesquels il a fait le pacte. Le contrat sera donc éternel c'est-à-dire pendant son vivant et même après sa mort physique. D'où le terme : « vendre son âme ». Car ce genre de pacte consiste à sceller l'âme et à condamner son esprit.

II. QUELLE LIAISON Y A-T-IL ENTRE UNE PERSONNE ET SON NOM PROPRE?

En fait, le nom est le signe par lequel on se reconnaît au milieu des millions de personnes. Le réflexe que vous avez de vous retourner quand on prononce votre nom, est le même qu'ont les esprits de faire leur apparition quand votre nom est prononcé. Tout comme le nom est attribué à une personne, une personne est confiée aux esprits par son nom. Si ces esprits sont bons, l'impact de leur présence sera positif, s'ils sont mauvais, l'impact sera négatif.

Donc, le nombre de fois qu'est prononcé votre nom équivaut au nombre de fois que les esprits liés à ce nom répondent présents. Étant donné que certaines personnes portant certains noms ont fait des pactes maléfiques en y inscrivant leur nom, ledit nom sert donc de liaison entre tous ceux qui le portent et ces esprits avec lesquels ils ont fait alliance. Ils suivent purement et simplement ce nom partout où il est prononcé. C'est ainsi que certains bébés commencent leur calvaire dès le premier jour que le nom leur est attribué. Votre vie et votre fin pourront être scellées comme le prévoient ces esprits. Il est très important de faire savoir aux âmes ignorantes, que nos actes nous suivent et impactent beaucoup de personnes innocentes.

Ne dit-on pas qu'un bienfait n'est jamais perdu ? Ce qui veut dire que lorsque vous faites du bien, même à votre enfant, on le rendra. Il m'arrive jusqu'aujourd'hui, trente ans après le décès de mon grand-père, **NOUSSI PHILIPPE**, de rencontrer des personnes qui me font des faveurs en faisant référence à lui, à sa personne et à son bon sens. Ainsi, si un bienfait n'est jamais perdu, sachons qu'il en est de même pour le mal et tout autre acte que nous posons.

Certaines personnes ont des esprits forts qui bagarrent beaucoup pour eux et les protègent énormément contre ces sorts. Mais ce sont des bagarres parfois interminables tant qu'on se fait appeler par ce nom-là. Il est parfois urgent de changer de nom si on se rend compte que le lien spirituel est mauvais, que les esprits qui répondent présents à ce nom sont mauvais. Ou alors briser tout simplement tous les liens entre ces esprits et vous. Parfois pour savoir si l'on est victime de manipulations liées au nom, il faut chercher à connaître à quoi ressemble de manière générale la vie des gens qui portent ce nom, leur parcours, leur caractère et leur fin.

Et si une simple appellation qu'est le nom peut suivre et déterminer le sort d'une personne, qu'en est-il donc de nos parents et nos ascendants qui sont en réalité notre souche, nos origines, à qui nous sommes liés par le sang, les gênes, les habitudes... Heureusement, bien que le nom soit un facteur primordial, il y a aussi des facteurs ancestraux et divins qui comptent, sans oublier notre propre destin.

CHAPITRE III : LE LIEN DE PARENTÉ OU LIEN ANCESTRAL

Le lien de parenté ou ancestral est la connexion généalogique que chaque personne a avec ses ascendants, à partir de sa mère et de son père biologique jusqu'à au moins la quatrième lignée biologique pour se limiter à ceux-là. Il est très important pour chaque personne, de connaître l'histoire de sa famille, de ses ascendants, de ses origines, de ses parents : son histoire. Car notre histoire ne commence pas le jour de notre naissance, mais notre histoire commence des générations avant notre naissance. C'est pourquoi on naît avec sur nous les péchés de nos ascendants.

Nous pouvons payer ou bénéficier du prix des actes posés par nos parents, nos grands-parents et autres ascendants, exactement comme nos enfants et notre descendance paieront le prix ou bénéficieront du prix de nos actes. Donc, avant de poser un acte, saches que c'est ça l'héritage que tu accumules pour ta descendance à partir de tes enfants, en plus de ce qui a déjà été accumulé en amont et dont tu ignores ; on peut s'abstenir de faire le mal. De plus, il faut toujours réfléchir non seulement avant de poser un acte, mais aussi avant de s'engager à faire des enfants avec une personne. Ainsi, les familles averties font des enquêtes sur les futurs époux et épouses de leurs enfants, y compris leurs familles et surtout leurs ascendants avant de valider le mariage, afin d'éviter de mauvaises surprises. Mais hélas, la génération moderne n'a rien compris des mariages arrangés. Ce n'est plus le parent qui présente le conjoint ou la conjointe à son enfant, mais c'est l'enfant qui présente son choix à ses parents. Et quand tout se passe mal, le parent n'a rien à dire, ne connaissant leur gendre ni d'Adam, ni d'Eve.

C'est l'une des raisons pour lesquelles certaines familles culturellement et traditionnellement conservatrices, même si elles ne font pas le choix pour leurs enfants, exigent à ces derniers d'épouser soit des ressortissants de la même localité, soit des ressortissants des localités voisines, ce qui facilitera leurs enquêtes sur la personne et sa famille. Habituellement, il nous est enseigné et raconté les histoires des autres.
Telles sont :

- Des histoires des héros choisis sur une base précise et pour un but précis.
- Des histoires partielles et sélectionnées selon le but à atteindre.
- Des histoires de territoires.
- Des histoires visant à rabaisser certains et à élever d'autres.
- Des histoires permettant d'orienter le monde dans un sens spécifique et pour un but précis.
- Des histoires visant à éliminer le multiculturel, afin de maîtriser le cerveau et les pensées de l'humanité.

Nous sommes vraiment concentrés à étudier ce qui en réalité n'aide pas, ou aide peu notre développement personnel et de nos lieux d'origine (pour certains lieux). C'est vrai, l'histoire est définie comme la connaissance du passé basé sur les écrits et les documents. Mais toutes les histoires n'ont pas été écrites. D'ailleurs, chaque histoire avant d'être écrite a été vécue et racontée par des témoins. Certaines histoires ont même été écrites des générations après le décès de leurs acteurs. Donc, une histoire, même sans être écrite est une histoire.

Il est par conséquent très important de se rapprocher des siens pour connaître l'histoire de ses origines, l'histoire de ses parents, l'histoire de ses ascendants : son histoire. Notre naissance n'étant que le début de notre vie physique et le fruit de la constitution de plusieurs générations. D'où le lien ancestral. Car, oui, nous sommes le fruit de nos ancêtres. Il y a jusqu'à deux grands arbres généalogiques qui nous constituent ; côté paternel et côté maternel. Dans ces arbres généalogiques, chaque personne a existé et a eu à poser des actes susceptibles d'avoir un impact ou des retombées sur leurs générations, ceci jusqu'à la quatrième, au moins.

Essayons de nous limiter à nos quatrièmes ascendants et comptons le nombre de personnes dont les actes sont susceptibles de nous suivre.

- De nos deux (02) parents, qui sont notre première lignée ;
- En passant par nos quatre (04) grands parents donc la deuxième lignée ;

- Afin d'arriver à nos huit arrières (08) grands parents c'est à dire la troisième lignée ;
- Pour enfin se situer à la quatrième lignée où on a seize (16) arrières-arrières grands parents.

Soit une somme de trente (30) ascendants, pour se limiter à ce nombre, c'est-à-dire quatre générations.

Cela dit, on naît avec sur nous les actes posés par trente personnes. Sachant que certains commettent souvent des actes visant à frapper jusqu'à leur dernière génération, on pourrait probablement avoir au-delà de ce nombre. Donc au-delà de la quatrième lignée. Ce qui pourrait expliquer la souffrance dans ce monde. Cette souffrance qui en réalité n'épargne personne, l'être humain n'étant ni de loin, ni de prêt un être parfait. De manière générale, de ces trente ascendants, nous connaissons souvent à peine huit : nos parents, leurs parents et à peine un ou deux arrières grands parents.

Autrement dit, la majorité nous est parfaitement inconnue. Leur histoire est rarement connue ou racontée. Quand il arrive donc des choses à certaines personnes dans la vie, on entend la question : « mon Dieu pourquoi moi ? ». Ma question de retour est toujours : « pourquoi pas toi ? » À qui voudrais-tu que cela arrive ?

Justement, quand on vit dans l'ignorance de son histoire et celle de ses prédécesseurs, on ne comprendra jamais :

- Pourquoi ça n'arrive qu'à nous et pas aux « voisins »
- Pourquoi on parle de spiritualité

Quand on est ignorant, on pense que la spiritualité est de la magie, de la sorcellerie.

Le comble n'est même pas d'être ignorant, mais c'est d'être ignorant de son ignorance. En fait, la spiritualité est la connaissance de soi et de l'univers. Savoir que nous sommes esprit et corps, que l'esprit est une partie ou la partie essentielle de notre être est un pas de géant pour affronter la vie, afin d'avoir accès à la vie : la longévité. Une remarque générale est faite de nos jours : les jeunes meurent de plus en plus et l'espérance de vie s'amoindrie. La population est de plus en plus jeune. Et la question est : Que se passe-t-il ?

Les raisons scientifiques et physiques sont évoquées telles que : l'alimentation, la pollution environnementale… Pourtant malgré toutes ces raisons et ces réalités, d'autres parviennent quand même à vivre longtemps. Et nos ancêtres qu'on a finalement qualifiés d'indigènes et de sorciers :

- Vivaient plus longtemps que nous ;
- Posaient moins d'actes de dépravation de mœurs que la génération actuelle ;
- Réfléchissaient avant d'agir (la sagesse) ;
- Connaissaient l'amour et la fraternité mieux que nous ;
- Agissaient toujours en pensant aux générations futures ; ils avaient l'esprit de la relève…

Sachez que la raison spirituelle devrait et doit être la première piste à explorer.

Ceci ne veut pourtant pas dire que si tout le monde développe sa spiritualité il n'y aura que la longévité, mais plutôt que le constat actuel pourrait être inversé. Plus de vieux et moins de décès prématurés. Faites une remarque très importante : les peuples qui ont conservé leur spiritualité ont des populations vieilles et vivent longtemps. Mais ceux qui ont renié leur spiritualité sont complètement perdus et leur valeur est de moins en moins reconnaissable ou référentielle. Ces peuples sont tout simplement perdus et très manipulables. Car n'ayant plus de références, pas de héros à leur image, pour avoir adopté et reconnu les héros des autres, et du fait de ne pas être l'autre, ils ne peuvent que seconder l'autre.

La connaissance de ses origines est la principale notice ou le principal héritage que chaque parent devrait mettre au chevet du berceau de son bébé. C'est par-dessus tout, ce que chaque famille devrait enseigner à leurs enfants. Car au-delà du fait de la liaison ancestrale, les histoires des autres surtout les membres de nos familles, peuvent nous servir de leçon et nous permettre d'anticiper sur certaines situations afin d'éviter certains pièges, de faire répéter certaines situations et aussi de comprendre ce qui nous arrive afin de :

- Briser certains liens ancestraux qui nuisent et engendrent des retombées néfastes.
- Constater et détruire des sortilèges.

- Briser et éviter d'attribuer certains noms aux enfants.
Car, bien évidemment, il y a dans certaines familles des liens maléfiques ancestraux. Cela doit être connu et brisé.

Il faut savoir que :

- Chaque endroit a ses réalités ;
- Chaque famille a son vécu ;
- Chaque individu est unique.

Les gens se mettent généralement en collectif pour défendre des choses qui doivent être traitées au cas par cas, car :

- Vous pouvez naître du même ventre, le même jour et avoir des destins complètement opposés.
- Un parent peut poser un mauvais acte, avoir dix enfants, mais seulement un ou quelques payent pour cet acte.
- De même, une personne peut poser des actes de charité et c'est un seul arrière petit enfant qui est béni pour cela.

Ce qui expliquerait le fait que les gens peuvent naître de la même famille, tant dit que les sorts s'affaissent sur certains, les bénédictions inondent d'autres. Je conseille toujours aux richissimes de familles, de savoir qu'ils jouissent d'une bénédiction ancestrale, peu importe leur souffrance et leur endurance qui leur ont permis d'avoir accès au succès. Surtout si cette richesse est bien acquise, je leur dis toujours qu'ils ont été choisis en fait pour élever les autres membres de leur famille. Car s'ils ont la chance de profiter du cumul des bienfaits de leurs ascendants, certains des membres de la même famille subissent des punitions ancestrales, d'où leur souffrance.

Tout le monde ne paye pas pour cela, tout le monde ne bénéficie pas de cela. Ceux qui sont élevés spirituellement comprennent. C'est pourquoi il faut :

- Avoir un bon fond ;
- Poser des actes bien ;
- Être une bonne personne ;
- Ne pas faire à autrui ce que tu n'aimerais pas qu'on te fasse…

Afin d'être ciblé par ces bénédictions. Ainsi, même si tu n'en profite pas, ton enfant ou autre descendant sera béni. Vous voyez dans les familles, certaines ne peuvent pas enfanter, tandis que d'autres sont extrêmement fécondes. D'autres font des enfants bien portants, d'autres font au moins un ou plusieurs enfants dont la science sera obligée d'expliquer le pourquoi du comment.
Au-delà de toute explication médicale et autre, sachez que le fondement de ce monde est spirituel. Et le socle même de la spiritualité est la parole. Ainsi, la spiritualité est un monde où la parole prône, les actions suivent et la vérité triomphe. Il est écrit : "Au commencement était la parole". Des paroles ont été dites sans doute et cela joue sur chacun de nous. Des gens ont

posé des actes en amont qui nous condamnent. Bien que n'ayant parfois pas connu ces gens-là, ils ont bel et bien existé. Ils avaient aussi la grande gueule, cherchaient les problèmes… Ils étaient tout simplement comme nous, des êtres pas du tout parfaits.

Mon arrière-grand-père maternel avait dit à sa femme un jour : "j'ai passé ma vie à te nuire, mais tu as été calme et soumise. Tu ne m'as jamais répondu, tu ne m'as jamais manqué de respect. Tu t'es toujours pliée pour moi. Saches que si tes enfants sèment n'importe où, même sur une pierre, cela produira". Ainsi mon grand-père et la majorité de ses frères furent extrêmement riches. Ce qui continue à s'appliquer sur leur descendance, pour ceux qui savent en profiter. Telle est une bénédiction ancestrale. Il y en a qui ont également dit des paroles de malédictions, lesquelles auraient coûté des vies à des innocents qui ne les ont pourtant jamais connus, qui n'étaient même pas nés lors du conflit qui aurait suscité une colère engendrant des mauvaises paroles, donc des malédictions.

Mais la bonne nouvelle c'est que, le poison et l'antidote se trouvent ici sur terre. Ainsi, chaque culture a donc sa manière de briser et d'effacer ces mauvais sorts dont nous sommes complètement ignorants, afin que cela ne puisse pas jouer sur les innocents. Il en est de même pour les bons actes posés. Il y'a des cérémonies de remerciements que certains ont qualifiées de culte des morts et autres. Spirituellement parlant, l'on peut te dire de qui te viennent tes bénédictions ou malédictions. Dans les deux cas, il y a des rites et des cérémonies à faire. L'une c'est pour dire merci quand il s'agit de la bénédiction ou de la richesse, l'autre c'est pour briser lorsqu'il s'agit de la malédiction. Et si vous êtes spirituellement éveillés, vous saurez lequel ou lesquels de vos ancêtres vous choisit ainsi comme étant cette personne digne de bénéficier de sa bonne conduite sur terre. Ou celle devant payer le prix de ses actes.

Notre vie est la continuité de celle de nos aïeux. La vie est une cession et une succession des faits et des biens. Car personne ne tombe du ciel. En posant des actes, pense à toi et à ta descendance. Si tu as une bonne conduite, tu peux être choisi comme étant celui par qui le bonheur illuminera ta famille. Le succès est un travail d'équipe entre tes efforts et la connexion organisée depuis le monde spirituel pour te hisser au sommet. On fabrique les influenceurs de ce monde et de chaque famille depuis le monde spirituel. Rien ne se fait du jour au lendemain, rien n'est le fruit du hasard. Tout est prévu longtemps avant que nous le vivions. C'est pourquoi il faut vivre à la recherche de ta destinée, de ton destin, de ta mission de vie.

Nous sommes tous complémentaires dans ce monde. Cherche en toi ce qui te démarque. Tu peux être celui sur qui se déversera les bénédictions ancestrales de tes origines. Les gens se retrouvent à faire des serments et des pactes parce qu'ils sont à la recherche de soutien des esprits pour réussir tout en les protégeant, pourtant :

- Ils peuvent juste développer la communication avec les esprits bienveillants de leurs ancêtres afin de bénéficier légitimement et sans contrainte de leur secours.
- Il y a toute une armée divine à leur disposition. Pourtant ils peuvent juste nettoyer leur route en balayant les malédictions et autres sorts.
- Ils peuvent juste bonifier leur âme.
- Il leur suffit juste de regarder le soleil et de tout demander…

Et surtout, savoir qu'il y a une différence entre ce qu'on veut et ce qu'on mérite. Savoir qu'on peut bien mériter une chose, mais le moment n'est pas encore choisi pour l'avoir. D'où la confiance et la patience.

ILLUSTRATION: PETITE HISTOIRE

J'ai connu un monsieur dont la révélation m'a été faite pendant des années qu'il avait un problème ancestral pouvant lui causer la mort prématurée et ce, par accident. Je le lui ai dit pendant des années ; six ans exactement, il était convaincu que non, ce n'est pas faisable avec le terme commun : « je ne crois pas à ces choses-là ». Mais le comble est que pendant la série de révélations, il m'avait été révélée qu'il ne me croira pas. Je le lui ai également dit. Mais pensant le convaincre de briser ce sort

dû à ses origines, j'ai tissé un lien fort avec lui. Chaque jour, je lui parlais de spiritualité. Mais il me répondait toujours :
« Je suis chrétien, je ne crois pas à ces choses-là ».
Je lui disais :

- Ces choses-là sont tes origines ;
- Ces choses-là, sont le fruit de ta présence dans ce monde ;
- Ces choses-là sont la base de ce que tu es aujourd'hui ;
- Ces choses-là sont tes ascendants ;
- Ces choses-là sont ces esprits qui ont pris la peine de te fabriquer ;
- Ces choses-là sont ces esprits qui me demandent de te dire que ta vie est en danger et souhaitent que tu y remédie afin de libérer ton âme et rallonger tes jours sur terre ;
- Ces choses-là ont prévu que tu vives dans l'abondance ; la richesse.

Mais pour ce faire, ces mêmes choses-là demandent juste que tu coupes une chaîne ancestrale qui te bloque et pourrait même t'empêcher de vivre longtemps. Car peu importe ta destinée, ton destin, tes grâces, il faut avoir la vie pour pouvoir atteindre le sommet. Il m'a un jour posé la question : « Pourquoi seulement moi » ? Je lui ai demandé, ça devrait être qui d'autre ? Il me dit : « j'ai des frères et sœurs, pourquoi ça ne les prend pas ? » Je lui ai dit tristement, chacun a son destin. Vous pouvez être mille, mais tu es celui par qui un sort familial se doit d'être brisé. Donc tu es la personne contrecarrée actuellement par ce sort. Et le problème est que si tu ne le brises pas, même si tu meurs, le sort continuera à frapper des générations. Ceci étant, fais-le et cela aidera toute ta famille, tes enfants y compris.

Et un jour, je lui ai dit, tu mourras par accident. (À ce moment je ne savais pas encore retenir ma langue sur des révélations et des visions qui me parvenaient). Ironie du sort, il mourra par accident malgré toutes ces multiples révélations qui n'ont changé en rien sa manière de penser selon la conformité du monde moderne et religieux. Sa famille après sa mort a été informée du problème de fond et a brisé ledit sort qui s'affolait à frapper immédiatement un autre membre de cette famille. Il était juste temps pour ce sort de faire des ravages au cas où on ne le briserait pas de toute urgence. Les jeunes membres de cette famille étaient surpris car tous ignoraient l'histoire et l'existence de ce sort qui n'était pourtant pas à sa première victime. Quelques témoins étant encore vivants, ont remonté l'histoire qui s'était transformée en malédiction et avait déjà emporté deux personnes de la même façon ; son papa était aussi décédé par accident des décennies plus tôt, il a été nommé remplaçant, il est mort par accident. Moins de trois mois après son décès par accident, son frère qui était nouvellement nommé remplaçant de leur feu papa, avait fait trois accidents. C'était une chaîne à briser urgemment car ça avait atteint son apogée.

En fait, leur grand-père se serait accaparé injustement du terrain d'un de ses oncles. Et, ce dernier très en colère, aurait avancé des paroles et est mort avec cette colère en lui. Le karma a donc effectué son travail. Mais le comble c'est que ceux qui payent le prix au point de mourir n'ont connu ni le grand oncle, ni le grand père, ni l'histoire. C'est ça un péché dû à ses origines. C'est ça naître avec des dettes qu'on n'a jamais contractées. En fait, en fonction d'où nous venons, les réalités varient. Mais la bonne nouvelle c'est que, chaque problème à une solution. Le monsieur était choisi pour être au sommet, sa belle étoile et son bon fond faisant de lui la personne sur qui se déversaient les bénédictions ancestrales. Mais au même moment, il y avait une malédiction très dangereuse qui pouvait en réalité prendre n'importe qui dans sa famille, y compris son enfant. Justement pour sa bonne étoile, ses ancêtres qui veillent sur lui ont décidé de révéler le danger qui est cette porte ouverte au malheur pouvant frapper n'importe qui d'entre eux à n'importe quel moment, surtout lui qui, étant déjà la tête de la locomotive, devient le cœur de la famille, sachant que s'il n'est plus, la famille sera à terre, sa vie devient plus en danger.

Malheureusement, beaucoup se disent qu'il suffit de ne pas croire ou de renier ses origines pour être épargné. Telle une grosse blague qui met en larme des familles très régulièrement, cause des blocages inexplicables dans la vie des gens, ouvre les portes, les fenêtres et toutes autres issues au moindre malheur…« Mon peuple périt faute de connaissance ». En effet, la sagesse voudrait que si on te dit de faire attention, il faut d'abord faire attention avant de te demander si en réalité il y avait un danger. Tu peux porter la croix des gens que tu n'as jamais connus, ni vus. Des gens qui ont existé longtemps avant toi. C'est aussi ce que prévoit l'univers à travers ses lois. Surtout, si tes parents n'ont pas pris la peine de briser les mauvais sorts familiaux, la mauvaise nouvelle, c'est que si toi tu ne les brises pas et que ça te prend ou te loupe, ça pourrait prendre tes enfants ou petits-enfants, soit de ton vivant, ou même après ta mort. Si tu es un parent ignorant, saches que tu as tué tes enfants et ta descendance. Ils suivront tes pas et paieront le prix de leur ignorance.

Heureusement qu'il y a ce Dieu qui parfois bannit de tels sorts, même sans que vous ne le sachiez. Mais pour bénéficier de cette grâce malgré votre ignorance, il faudrait vraiment être exemplaire et exempt du péché. Mais si tu l'es et que ton frère ou ta sœur ne l'est pas, la malédiction peut s'orienter chez eux. Sans oublier qu'on ne fait pas un enfant seul. Donc, tu peux être exemplaire et l'autre parent ne l'est pas. Étant donné que l'autre parent même à son propre fardeau ancestral, c'est compliqué. Bref, bloquer les malédictions, c'est comme bloquer des vagues d'eau. Elles s'accumulent et deviennent plus violentes. Or, les détruire apaiserait pour toujours. Les maladies ont souvent des symptômes similaires, mais des diagnostics différents. Il y a les liens qui doivent être brisés, afin de bénéficier d'une paix d'esprit et de mener une vie en paix.

Beaucoup de personnes ont pris le raccourci d'accuser les autres pour leur souffrance, pourtant ce qui permet à l'autre d'avoir une emprise sur vous, c'est vous même, par votre nom, vos origines et les actes que vous posez, qui sont en somme votre être.

Il est très important de se rapprocher de ses coutumes et traditions afin de se purifier et de briser tout ce qui cause des blocages et ouvre les portes aux malheurs dans vos familles afin de libérer les innocents. Par ailleurs, n'ayant pas connu nos ascendants, on peut dire ceci dans nos déclarations ou prières quotidiennes :

- Je reçois toutes les bénédictions ancestrales et je rejette toutes les formes de malédictions, mauvais sort...
- Je refuse de payer pour le mal qu'ont commis mes parents, mes grands-parents et autres ascendants...
- Je détruis tout pouvoir maléfique et reçois tout pouvoir venant de Dieu car tu es mon guide et mon protecteur. Montre-moi même en rêve, ce que je ferai pour être en paix et vivre selon tes lois et commandements, car je veux faire ta volonté.

Le Divin te guidera et t'enverra des signes qui te permettront de faire le discernement. En rêve alors, il te dira de manière claire ce qu'il en est et ce que tu as à faire. Il suffit de lui parler. Au-delà de tous ces liens, indépendamment de nos actes et de nous, il y a aussi le fait que chacun de nous soit avant tout un être humain à part entière avec en lui sa propre personnalité qui le distingue, le qualifie, le sauve ou le condamne.

CHAPITRE IV : LA PERSONNALITÉ

Chacun de nous naît avec, en son corps physique, un souffle de vie ou énergie vitale, une destinée, un don, une étoile, une mission, une personnalité… Avec en lui un monde vierge et immense, aux directions et possibilités de choix multiples, mais invisibles et inconnues de tous, y compris de nos parents qui, en dehors de savoir que nous sommes leurs enfants, ignorent qui nous sommes réellement. Notre destinée et notre mission étant cachées en nous, au plus profond de nous, laissant juste paraître notre corps physique. Ainsi, il nous est attribué un nom, permettant de nous identifier durant notre vie, tout en nous distinguant selon notre personnalité. Cette personnalité qui est non seulement innée, mais aussi acquise.

I. LA PERSONNALITÉ INNÉE

La personnalité innée est ce caractère très enfoui en chacun de nous avec lequel l'on nait ; c'est notre être endormi. Il est juste question de temps pour le découvrir. Il s'agit du caractère inné et de la destinée.

En effet, personne ne peut te dire qui tu es réellement, aucun livre ne peut t'enseigner ta personnalité innée, car chaque être humain est unique, même si l'espèce humaine est similaire. La personnalité innée reste cachée pendant qu'on vit sous l'influence de nos parents, nos encadreurs, nos dirigeants etc. Elle fait réellement surface lorsqu'on décide d'être soi-même, de vivre en toute liberté et d'assumer les conséquences qui vont avec. La personnalité innée peut être bien ou mauvaise, dépendamment de chacun. On peut l'améliorer et la parfaire, bien qu'elle soit innée, ceci grâce à la personnalité acquise.

II. LA PERSONNALITE ACQUISE

La personnalité acquise est l'ensemble des valeurs et des influences qu'on acquiert au fil de notre existence à travers la société et la famille. Selon l'éducation, la croyance, l'appartenance, les journaux, l'école, la rue, l'expérience et la propre personnalité de ceux qui nous encadrent, en particulier nos parents... En fait, l'école nous recadre dans un sens précis et de spécialisation selon l'orientation. La religion, les coutumes et les traditions quant à elles, tendent à bonifier et libérer notre esprit, malgré certaines nuances. Les médias, la société, le gouvernement, influencent également notre existence et, par conséquent, notre personnalité acquise. Les parents nous éduquent et nous orientent selon parfois leur rêve et leur objectif à eux.

Il est donc très important à un moment donné de notre vie, de chercher en nous la personne que nous sommes réellement, afin de combiner nos deux personnalités, celle innée et acquise, pour enfin faire de nous la meilleure version de nous-même. Car nous restons maîtres de notre destin. Autrement dit, notre être dépend finalement de nous. Nous avons donc le pouvoir de nous recadrer à tout moment de notre vie, afin de devenir ce que l'on veut être. Il est donc très important de rappeler que la personnalité qu'on se fait est l'image de ce qu'on devient. Cependant on se sent perdu quand on se rend compte, qu'on a plus écouté les enseignements que de chercher au fond de nous notre être réel.

III. LE CONFLIT DE PERSONNALITÉ

Beaucoup de personnes à un moment donné de la vie, font face à un conflit de personnalité. Ceci influencé par la pensée, l'appréhension de soi et du monde extérieur. Ce conflit de personnalité crée un déséquilibre mental et émotionnel, donc le degré varie d'un individu à l'autre. Angoisse, stress, dépression, frustration... peuvent expliquer la bataille qui se fait à l'intérieur de soi.

Lorsque l'on arrive au moment de notre vie où notre personnalité innée décide de faire surface, il se passe une rébellion entre notre personnalité acquise et notre vrai nous qui est celle innée. Le passage le plus intense a été appelé l'âge de la puberté. En observant un individu en croissance, vous verrez plusieurs étapes de son existence où son vrai lui tant à ressortir, tout comme une tortue qui sort légèrement la tête de sa carapace, afin de se rassurer s'il est temps d'avancer ou d'y retourner. Mais, vient toujours un moment où l'une de ses personnalités prendra absolument le dessus.

Cela peut être tôt, cela peut être tard, car les obstacles à vaincre sont le regard et les jugements des autres. Certains ont une belle personnalité, d'autres non. C'est pourquoi, on qualifie régulièrement de têtu, celui qui tant à vouloir s'imposer contrairement aux attentes des autres. Mais il faut, avec du recul, réaliser qu'en fait, ces autres ne font rien d'autre que d'étouffer la personnalité innée du "têtu". Ainsi, le premier combat de plusieurs enfants c'est leurs parents ou tuteurs. Car lorsque les premiers signes de la personnalité innée ressortent, l'on est encore enfant et les premières personnes à s'y opposer sont les parents et les encadreurs (enseignants, éducateurs...). Mais les parents (ou tuteurs), étant ceux avec qui l'on fait longue route, deviennent des adversaires à long terme, jusqu'à ce que s'introduise à un moment un(e) conjoint(e) qui, en cas de divergence d'opinion, encaissera tout le mal être de la personne.

La personnalité innée d'une personne finie toujours par ressortir. La personnalité innée d'une personne est propre à elle et parfois pas appropriée pour une vie en société et se doit d'être travaillée. D'où l'importance de l'éducation et l'acceptation d'apprendre aussi des autres, afin de parfaire son être. Au cas où votre personnalité innée vaut de l'or, faite là ressortir, laissez les autres apprécier et faites-en bon usage. Ce qui différencie l'être humain de l'animal est la raison. Donc il est extrêmement important d'être raisonnable et ouvert à la société, car bien que nous soyons bâtis pour être nous-mêmes, nous sommes également bâtis pour vivre avec les autres.

Très souvent, nous sommes réellement la personne que nous ignorons être, même si on prétend quelquefois être ce que l'on n'est pas en réalité. L'unique moyen de savoir qui nous sommes est d'entrer en contact avec nous-mêmes. Beaucoup de personnes pensent que ce qu'on ne voit pas n'existe pas. En revanche, tout le monde confirme que l'Homme est esprit et corps. Ma question : As-tu déjà vu l'esprit de l'Homme ? Alors, sache que tout comme le corps, l'esprit a toute une vie et même au-delà, car l'esprit ne meurt pas. Un corps sans esprit est inanimé c'est-à-dire mort. Un esprit sans corps erre.

IV. COMMENT ENTRER EN CONTACT AVEC SOI?

Il est très important de prendre du temps seul et pour soi, afin de répondre aux questions suivantes :

1. Qui suis-je réellement ?
2. Quelles sont mes forces ?
3. Quelles sont mes faiblesses ?
4. Qu'est-ce qui me rend heureux ?
5. Qu'est-ce qui me rend triste ?
6. Quel impact ai-je sur les autres ?
7. Est-il positif ou négatif ?
8. Est-ce que j'aime la personne que je suis ?
9. Comment devenir la meilleure version de moi ?

De manière générale, beaucoup de personnes ont des réponses à ces questions, mais agissent et vont dans le sens contraire de ce qui leur est propre, tout en espérant trouver le bon moment pour commencer à être soi. Erreur ! Car dans la vie il faut :

- Savoir gagner en temps ;
- Savoir prendre des décisions et les mettre en pratique Le plus difficile parfois n'est pas de prendre une décision, mais c'est de l'appliquer.

La peur et le jugement sont nos ennemis majeurs. Il est très important de savoir que :

- Nous sommes des êtres libres selon la Création ;
- La vie est faite de multiples choix ;
- Nous sommes libres de nos choix ;
- Chaque décision que nous prenons n'engage que nous, même si elle peut profiter à tout un monde ;
- Nous sommes tous les architectes de ce monde ;
- Nous avons tous notre expertise à apporter à la construction et à l'émergence de ce monde et c'est ce qui justifie la présence de chacun de nous dans ce monde.

Oui, nous avons tous une mission. Et notre mission, même ceux par qui nous sommes venus dans ce monde (nos parents géniteurs) l'ignorent.

Tout de même, beaucoup commettent l'erreur d'imposer souvent à leurs enfants une orientation spécifique et spéciale, voyant en leurs enfants, les personnes qui réaliseront leurs rêves à eux, ignorants que le devoir d'un parent est en principe d'être à l'écoute de son enfant, de lui prodiguer des conseils sur la base de ses expériences et de sa connaissance du monde, tout en observant l'enfant avec pour but d'aider ce dernier à connaître et réveiller ce qui sommeille en lui, ce qui est au préalable implanté en lui.

1. QUI SUIS-JE RÉELLEMENT?

En répondant à cette question, je réalise que je suis un être humain unique, avec des qualités et des défauts.

- Recenser ces qualités me permet de m'améliorer, d'être la meilleure version de moi.
- Recenser mes défauts me permet de les radier afin d'être plus sociable. Car nul ne peut vivre sans les autres, et chacun est différent.

Il est également important d'harmoniser les relations humaines, ce qui passe par le savoir être et le savoir-vivre. Très souvent nous entendons des gens dire : "Je suis comme je suis, je dois être accepté tel que je suis, je ne peux pas changer ma personnalité, c'est à prendre ou à laisser". Est-ce à dire que les gens vivent dans votre monde ou que vous vivez tous dans un monde neutre ? En principe, on ne peut être heureux qu'en rendant les autres heureux. Ne dit-on pas que :
"Qui donne reçoit" ?

Des gens se plaignent souvent en disant :

- Je me sens seule ;
- Ça fait des jours que mon téléphone n'a pas du tout sonné ;
- Personne ne m'a appelé ;
- Personne ne prend de mes nouvelles ;
- Je suis vraiment dans la solitude.

Pourtant il est évident de savoir que :

- Si tu te sens seul, c'est que tu t'es renfermé sur toi ;
- Si ton téléphone ne sonne pas, c'est que tu ne fais pas sonner celui des autres ;
- Si personne ne t'a dit bonjour depuis le matin, c'est-à-dire que tu n'as dit bonjour à personne depuis le matin ;
- Si personne ne t'a dit je t'aime, cela sous-entend que tu n'as pas dit de je t'aime à une personne.

Le principe et l'action sont si simples et spontanés

- Appelle une ou plusieurs personnes et celui qui verra ton appel en absence, te rappellera ;
- Sors dire bonjour à n'importe qui, il te dira bonjour en retour ;
- Souris aux gens ils te souriront ;
- Dis je t'aime, on te dira : je t'aime aussi.

Ainsi, tu auras reçu ce que tu as donné. Si tu le fais naturellement et spontanément avec ton entourage, le jour que tu ne le feras pas, ces gens chercheront inconsciemment à savoir si tu vas bien. C'est ça la règle du donner et du recevoir qui s'applique de la manière la plus simple, facile et spontanée.

2. QUELLES SONT MES FORCES?

Chacun de nous a en lui une ou plusieurs particularités, développées ou endormies. Il est très important de connaître les nôtres, c'est ce qui nous distingue et nous qualifie, c'est où est caché notre être intérieur. Je parlerai ici de moi. J'ai une force de caractère et un mental très remarquable. Mon pouvoir réside dans mon sourire, ma gentillesse, ma simplicité, ma douceur, ma capacité à écouter les autres, à les comprendre sans les juger, mon amour du prochain, mon discernement, mon courage, la capacité à changer les humeurs négatives en humour, en bonne humeur. La capacité à prendre le bien et le mal en bien, sont ce qui fait de moi une âme guérisseuse, une personne en qui tout le monde trouve du réconfort, de la paix d'esprit, une personne qui assiste et remonte les âmes en détresse.

Cependant, ces forces sont l'objet et la source des attaques et des combats dont je suis généralement victime. Déjà, certains pensent que la tolérance est signe de faiblesse et en abusent. De plus :

- Quand tu souris à tout le monde, tu entends quelque part :

- « Celle-là pense qu'elle a un joli sourire que qui ? » Pourquoi aime-t-elle sourire de la autant ?
- Ce sont ses fossettes-là qui lui font croire qu'elle a un joli sourire ?

■ Quand tu es gentille, tu entends :

« Celle-là veut montrer quoi à qui ? Elle pense qu'elle est gentille que qui ? »

■ Quand tu es à l'écoute des autres, c'est : « Celle-là pense vraiment qu'elle est mère Theresa ? ».

■ Quand tu as une force de caractère, cela traduit que tu es courageuse, indépendante avec une assurance débordante, un esprit d'entreprenariat enfoui en vous… Tu auras des personnes qui chercheront à te prouver qu'elles peuvent avoir ou ont le pouvoir de décision dans ta vie.

■ Quand tu es en permanence de bonne humeur tu entends : « Celle-là se fâche même quand ? ».

Tellement les gens aux ondes négatives se posent des questions négatives que ça devient un défi pour eux de te voir pleurer, fâché, triste, te plaindre, ramper…

- Tu deviens comme un rocher qu'on veut briser afin de voir de quoi il est fait.
- Tu deviens une menace et par conséquent tu fais face à des attaques de toutes sortes.

Mais de ces attaques, ta simplicité, ton ignorance et ton côté vrai sont davantage tes forces.

3. QUELLES SONT MES FAIBLESSES?

Les faiblesses d'une personne sont l'ensemble de tout ce qui est susceptible de la fragiliser. Il est donc très important de les identifier afin de :

- Soit les bannir ;
- Soit les retourner à votre avantage.

Il est très important de conserver ses faiblesses pour soi-même, afin d'éviter de donner l'arme à l'ennemi pour se faire abattre. Car n'oubliez jamais que l'ennemi de demain est l'ami d'aujourd'hui. Certaines faiblesses se présentent souvent comme des qualités et d'autres comme des défauts.

Pour prendre l'exemple sur moi, je dirai que ma faiblesse est ce qui fait ma force. L'incapacité à pouvoir faire du mal, le sens du pardon…Ce sont finalement des faiblesses, car pardonner et oublier c'est accepter de revivre la même chose. Ne dit-on pas que : « Qui oublie l'histoire est condamné à la revivre » ? Dans plusieurs circonstances c'est prouvé.

En revanche, beaucoup de gens ont des faiblesses très apparentes et facilement identifiables. En fait, ce qui révolte une personne, l'irrite, la pousse à se mettre hors d'elle, réveillant ainsi son démon, est en général là son point faible. Et ça devient un point sur lequel il faut travailler afin de devenir la meilleure version de soi et profiter du bonheur qui en découle.

4. QU'EST CE QUI ME REND HEUREUX?

En principe, notre bonheur dépend de nous. Bien que le facteur environnemental reste très considérable, le bonheur dépend de :

- Ce qui habite notre cerveau ;
- Nos actes ;
- Nos pensées (ce que nous pensons de nous, des autres, de la vie, de tout ce qui nous entoure et de ce qui nous arrive) ;
- Notre estime propre ;
- Notre esprit.

Car l'homme étant corps et esprit, certains esprits sont des esprits bons, d'autres des esprits mauvais. Alors, certains corps sont habités par des esprits bons et d'autres par des esprits mauvais. Ce qui entraine des conséquences visibles pouvant automatiquement influencer le bonheur.

Par ailleurs, certaines personnes ont un fort problème de personnalité, ce qui les rend facilement manipulables. Donc leur bonheur dépend de la personne en qui ils mettent toute leur confiance et leur estime. Ce qui constitue donc un grand danger pour leur émotion, leur santé, leur vie…

Il faut toujours être la personne ayant le dernier mot sur vous et dans votre vie. Ayez confiance en vous, faites du bien, permettez à votre esprit d'avoir une paix intérieure, du fait de vos actes, de vos pensées et de vos actions.

5. QU'EST CE QUI ME REND TRISTE?

Ce qui est généralement susceptible de rendre une personne triste est le regret. Peu importe la cause. C'est pourquoi il faut toujours :

- Préparer son esprit à recevoir les coups durs de la vie ;
- Décider de garder la tête haute malgré les situations ;
- Réfléchir avant d'agir ;
- Poser des actes honorables et non regrettable.

En gros, bonifier son âme.

6. QUEL IMPACT AI-JE SUR LES AUTRES?

Dans la vie, soit on est bon, soit on est mauvais. Même si certains réussissent quand même à être deux en un, l'impact que quiconque a sur les autres en général ou de façon distincte dépend :

- Des actes posés ;
- De sa façon d'appréhender les choses ;
- De son raisonnement ;
- De sa situation et sa position sociale.

7. CET IMPACT EST-IL POSITIF OU NÉGATIF?

Si les actes que vous posez sont bien, l'impact sera positif, s'ils sont mauvais, l'impact sera négatif. C'est vrai, des jugements erronés peuvent souvent faire surface, mais la vérité reste et est toujours captée par la nature. C'est pourquoi elle finit toujours par triompher. Lorsque l'impact est positif, la nature vous enverra des ondes positives. Si cet impact est plutôt négatif, la nature vous enverra des ondes négatives. Car on ne récolte que ce que l'on sème. Et "le crayon de Dieu n'a pas de gomme".

8. EST CE QUE J'AIME LA PERSONNE QUE JE SUIS?

On peut tromper le monde entier, mais jamais l'univers et soi-même. Donc les actes que nous posons nous permettent d'avoir un jugement exact sur notre personne, et par conséquent de nous aimer ou non. De plus, on ne peut détester son apparence (qui est généralement naturelle), que si on ne sait justement pas qui nous sommes réellement. Car notre vraie personnalité est en nous et notre amour pour nous dépend des actes que nous posons, même si ces actes sont inconnus par les autres. Notre conscience est en nous et est notre meilleur juge. Si tu es une belle âme, c'est que l'unique raison pour laquelle tu peux ne pas t'aimer est l'ignorance de la personne que tu es réellement. L'envie, la convoitise, la jalousie, l'aigreur… sont des maux enfouis en soi et qui peuvent pousser à ne pas s'aimer.

Il est très important avant de s'investir ou de s'engager dans n'importe quelle relation que ce soit dans la vie, d'observer si la personne d'en face s'aime réellement. J'ai souvent vu des gens dire : "Je déteste qui je suis". À ce moment, me vient une seule et unique question : « Qui es-tu réellement ? » Ne pouvant parfois pas connaître le passé d'une personne, il faut savoir d'une part que les gens ayant déjà posé certains actes, perdent leur estime propre. Et d'autres parts, si une personne ne s'aime pas c'est soit à cause d'un ou plusieurs actes posés, soit à cause des comparaisons entre elle et les autres. Une personne qui ne s'aime pas peut juste être une personne frustrée par ce qu'elle voit.

9. COMMENT DEVENIR LA MEILLEURE VERSION DE SOI?

Devenir la meilleure version de soi est avant tout une question de volonté et de décision personnelle.
Il faut :

1. Identifier ce qu'on veut changer en soi ;
2. Travailler sur ce changement ;
3. Toujours prononcer des paroles positives allant dans le sens de l'amélioration de notre personne ;
4. Poser des actes allant dans le sens positif de nos attentes ;
5. S'entourer des personnes qui dégagent ce côté positif que nous recherchons en nous.

En somme, au-delà de notre personnalité il y a aussi l'énergie que chacun de nous dégage, ce qui est déterminant et vital.

CHAPITRE V : L'ÉNERGIE

Dans un sens terre-à-terre, l'énergie est un activateur ou un démarreur qui permet de faire fonctionner une personne, un animal, une plante, toute espèce vivante, et même des objets ou appareils fabriqués par l'homme. Cependant, les sources d'énergie diffèrent selon qu'il s'agisse des êtres ou espèces vivants, voire des objets ou des appareils. Dans notre contexte qui est loin d'être un contexte scientifique ou physique, mais plutôt un contexte de développement personnel, nous parlons de l'énergie naturelle, vitale et spirituelle encore appelée souffle de vie.

Il est très important de savoir qu'en dépit de tout ce qui constitue l'être humain, le souffle de vie est ce dont nous n'avons pas du tout le contrôle. On peut remplacer ou changer certaines parties et organes du corps, mais pas le souffle car il est Divin et irremplaçable. Le seul et unique être avec qui on le négocie, c'est le Créateur. L'énergie est en nous et autour de nous sans cette énergie vitale, il n'y a de vie pour aucun être ou espèce vivante : les humains, les animaux, les plantes. Il est donc très important de prendre conscience de l'énergie qu'on a à l'intérieur de nous, et aussi de l'énergie qui nous entoure.

L'énergie chez les humains, est ce qui permet la connexion entre le corps et l'esprit. C'est pourquoi, lorsque l'énergie quitte complètement le corps humain, c'est la déconnection automatique entre ce corps et l'esprit, donc la mort immédiate.

Pour une personne qui veut être en parfaite santé physique, psychologique et spirituelle, il est important de connaître :

- Le rôle et l'importance de l'énergie qui est en nous.
- D'où provient cette énergie ?
- Comment la recharger, l'entretenir ?
- Savoir conserver son énergie afin de l'orienter et de l'utiliser pour des fins utiles.

À la création, Dieu a mis en nous un souffle, appelé souffle de vie. Ce souffle de vie qui n'est rien d'autre que l'énergie vitale qui est en nous et à l'extérieur de nous. C'est grâce à cette énergie que la vie est possible dans ce monde. Et comme tout, l'énergie doit être entretenue et utilisée à bon escient afin d'éviter tout gaspillage. Gaspiller son énergie c'est gaspiller sa vie.

Donc, l'énergie que tu gaspilles en une seconde de ta vie est tout simplement irremplaçable. Tâches à toujours utiliser ton énergie pour des fins utiles, afin d'être heureux au soir de ta vie. L'énergie est certes irremplaçable, mais c'est rechargeable. Car Dieu en créant l'espèce humaine, a créé tout un univers rempli de tout ce dont l'être humain a besoin pour son existence et sa survie. Ainsi, il a permis à l'Homme lui-même d'avoir des prédispositions lui permettant de savoir :

- Qu'est-ce qui fait quoi ?
- Qu'est-ce qui procure quoi ?

Autrement dit, ce qui est vital pour lui.

Je rappelle toujours avec insistance que tout ce qui est naturel, donc créé par le divin Créateur, bref, tout ce que l'homme a trouvé dans ce monde a une raison d'être tant physique que spirituelle. La recherche du pouvoir spirituel de chaque élément naturel de ce monde, permet à coup sûr à l'Homme d'accéder à la divinité et la créativité. C'est-à-dire qu'une personne dotée d'un esprit créatif se pose avant tout une bonne série de question à savoir, le pourquoi du comment de chaque élément de la nature ou d'un élément précis de la nature, avant d'arriver au conditionnel « si » et la conclusion « c'est que » :

- Si je vois ça, c'est que…
- Si je mixe ceci avec cela, c'est que je peux obtenir…

Restons dans le contexte naturel et imaginons un monde sans tout ce qui est fabriqué ou transformé par l'Homme. Observons la nature et nous comprendrons que chaque élément de la nature a quelque chose de puissant allant au-delà de notre savoir, mais que seule la connaissance révèle. L'énergie qui est en nous est tout à fait rechargeable par une alimentation saine et équilibrée, en buvant beaucoup d'eau, on parlera d'une hydratation intense, telle est la règle basique de la recharge énergétique humaine. Rappelons que nous parlons de l'alimentation par des ressources naturelles. Car tous les aliments naturels comportent de l'énergie naturelle, absorbée au cours de sa croissance et des apports contribuant naturellement à la santé de l'Homme. Car qui dit santé, dit vitalité.

Au-delà de l'alimentation, nous avons des exercices physiques qui permettent de filtrer l'énergie. Car l'énergie semble être neutre, pourtant il y a des ondes négatives et des ondes positives qui influencent notre énergie. Ces ondes proviennent de différents facteurs et sont véhiculées par des éléments extérieurs et aussi intérieurs à nous tels que : la pensée, les paroles écoutées ou prononcées, les actes posés par nous et par les autres envers nous... Donc, quand nous pensons positif, nous écoutons des messages positifs, ceci dit, quand nous sommes dans une situation de positivité absolue, nous ressentons une paix intérieure, car notre énergie est en train de se recharger. Parfois cette recharge fait son trop plein au point où on se sent apte à tout faire sans se fatiguer du tout…On déborde d'énergie.

➢ Observez un enfant jovial et un enfant triste. Ou même des adultes.

- Une personne joviale déborde d'énergie.
- Une personne triste est toujours découragée et ne veut rien faire. Si elle se force à faire un truc, le résultat risque d'être mauvais.

➢ Avez-vous déjà reçu :

- D'une part, une information qui vous baisse le moral, vous fatigue à la seconde et vous rend immédiatement inapte à faire quoi que ce soit ?
- Et d'autre part une bonne nouvelle qui booste considérablement et immédiatement votre énergie ?

Vous verrez qu'une simple information peut commander votre énergie, la recharger ou la décharger, voire la vider, entraînant ainsi une mort subite. C'est pourquoi il est très important de savoir contrôler ses émotions afin de conserver son énergie pour l'utile. En fait, l'attitude négative et les informations négatives, absorbent énormément d'énergie et fait involontairement disparaître une grande partie de notre puissance énergétique. Il faut être une personne extrêmement positive pour puiser de l'énergie, même dans les circonstances difficiles et les situations ou les informations qui tournent en votre défaveur.

C'est pourquoi j'approuve les adages suivants :

- « Vaut mieux être seule que d'être mal accompagnée ».
- « La mauvaise compagnie corrompt les bonnes mœurs ».

Il y a des relations qui absorbent énormément de l'énergie. Par l'indifférence de l'autre ou les conversations inutiles, bref, des relations qui n'avancent en rien.

Juste une parole négative peut vous voler une grande partie de votre énergie. Tout comme une parole positive peut la booster.

Ces paroles positives ou remplies d'énergie, sont qualifiées de motivation. Mais attention, certaines motivations créent plus tôt chez d'autres la frustration. À ce moment, ce sont plutôt ces personnes frustrées qui ont des ondes négatives. Et doivent effectuer un travail d'estime personnelle. En fait, la motivation peut passer par la présentation du bonheur d'une personne, de son succès et de son aisance. La personne bondée d'énergie positive prendra cela exactement comme motivation, celle qui voit le mal dans le bien, prendra ça comme insulte.

Là, il faut rappeler que c'est chaque personne qui décide de l'influence qu'auront des ondes positives ou négatives sur elle. Soyez ces personnes qui prennent la vie en bien et qui transforment le mal en bien. Mais attention, je vous déconseille de garder à vos côtés des personnes qui ont un impact négatif sur vous. Une personne peut être gentille avec vous, très gentille, mais avec une influence négative sur votre être. Il faut savoir détecter cela et ne rester avec cette personne que si vous êtes certains d'avoir le contrôle de votre personne. Mais, je puis vous garantir qu'aussi longtemps que soit la durée de votre contrôle de soi, un jour vous réaliserez que cette influence négative joue sur vous et vos agissements.

Prenons l'exemple des personnes impulsives : aussi calme que vous soyez, si une personne vous crie dessus chaque fois, un jour vous allez vous surprendre en train de lui répondre à sa manière, c'est-à-dire en lui criant dessus. Peu à peu, vous allez vous habituer en croyant lui retourner tout simplement ce qu'elle mérite, ignorant qu'ainsi naît en vous une nouvelle habitude mauvaise, susceptible de vous transformer négativement et de faire de vous la personne que vous n'étiez pas.

Vous devez contrôler votre énergie exactement comme vous contrôlez votre température, votre tension... Contrôler votre énergie vous permet de savoir si tout va bien pour vous ou non. Surtout sur le plan spirituel.

- Vous est-il déjà arrivé d'être endormi, de faire un rêve où vous êtes poursuivi et vous vous réveillez en sursaut étant très essoufflé, avec un rythme de battement de cœur accéléré comme si l'action en rêve était réelle et physique ?
- Vous est-il souvent arrivé d'être très fatiguée n'ayant rien fait de fatiguant ?
- Avez-vous déjà réfléchi à une situation au point de vous sentir en baisse d'énergie ?

Donc, de manière générale, quand le moral est bas, le taux d'énergie aussi a tendance à baisser. Quand la motivation est grande, l'énergie aussi monte rapidement. On aurait dit que la fatigue est aussi mentale ! En fait, ce sont des réflexes inconscients. Mais qui montre que le taux d'énergie dépend de l'état d'esprit, ce qui explique donc que c'est l'énergie qui connecte le corps à l'esprit.

Quand l'énergie quitte le corps, l'esprit aussi se déconnecte immédiatement. Les esprits qui restent errer sont généralement ceux qui n'ont pas été préparés ou avertis qu'il était temps pour eux de se déconnecter, tels sont les morts subites et les morts prématurées, sans compter les esprits rebelles… L'énergie étant donc le lien de connexion entre le corps et l'esprit, permet de faciliter la communication entre eux. Exactement comme la connexion qui permet aux appareils tels que le téléphone, l'ordinateur... de communiquer entre eux. Sans énergie ou réseau de communication, les appareils sont tout, sauf des moyens de communication directe.

Par ces détails ou comparaisons, nous comprenons clairement que pour être créatif et apporter de grands changements dans ce monde, il faut comprendre le monde dans son sens totalement naturel. En effet, quand on a compris comment fonctionne chaque élément de la nature, y compris les êtres humains, on comprend que ce n'est pas par magie que le monde arrive à se développer tel qu'on le voit, mais c'est tout simplement grâce à l'exploitation de la connaissance et des éléments de la nature. Donc, avoir de la connaissance c'est bien, la mettre à profit c'est meilleur. Ainsi, les États développés mettent ensemble les personnes ayant la connaissance et partageant les mêmes idées, afin de fixer leurs recherches sur des cas et des éléments précis et distincts.

Si nous recensons tous les éléments naturels qui servent de recharge énergétique tels que :

- Le soleil qui est une source très puissante d'énergie et de lumière. La preuve est qu'il y a des appareils dont la recharge est solaire à l'instar des panneaux solaires donc l'énergie provient essentiellement du soleil.
- L'air qui est incontestablement une véritable source d'énergie. Non pas seulement pour des êtres et autres espèces vivantes, mais aussi pour la communication, le vol d'avions…
- L'eau qui est très vitale, mais aussi exploitée pour l'électricité…
- La végétation…

Nous comprendrons que ces mêmes éléments sont indéniablement plus indispensables pour les êtres humains et toutes les autres espèces vivantes que les appareils et autres fabrications. C'est en observant leur apport énergétique et vital que certains ont poussé la réflexion plus loin afin de voir ce que chacun d'eux pourrait apporter de plus afin de répondre à des besoins spécifiques de l'humanité.

CHAPITRE VI : L'ÉTOILE OU L'AURA

Chacun de nous naît avec une étoile encore appelée aura, qui se dégage à travers notre énergie. Certaines personnes dégagent une forte énergie et très positive, d'autres ont une énergie dormante qui impose un reflet des ondes négatives. Telles sont les extrémités.

Peu de personnes savent reconnaître leur étoile, ignorent comment la protéger et surtout la développer. Curieusement, beaucoup savent reconnaître le potentiel des autres au point d'en être jaloux, de s'acharner sur leur bel avenir ou présent, au lieu de se centrer et de se concentrer sur eux-mêmes, afin de découvrir et de mettre en valeur leur propre belle étoile, ceci en développant leur talent, leur savoir-faire. Car nous en avons tous et nous sommes tous complémentaires ; il y a de la place pour tout le monde. Cependant il y a :

- Des étoiles qui sont vraiment nées pour briller afin d'illuminer d'autres étoiles.
- Des étoiles filantes qui généralement se démarquent très vite et s'en vont très vite, à peine avoir marqué intensément leur existence à l'échelle de leur effort.
- Des étoiles qui peinent à se démarquer, selon diverses réalités de ce monde (mauvais œil, blocage, malédiction ancestrale ou du nom, possession…) parfois aussi à cause

d'elles-mêmes(paresse, mauvaise éducation, désorientation, découragement...).

- Des étoiles qui ne se démarqueront jamais à cause du mauvais choix de leur vie, de la méchanceté de ce monde, de leur ignorance et d'autres réalités suscitées.

De manière générale, c'est l'ignorance qui fait périr, cependant la connaissance et le discernement sauvent. Mais la bonne nouvelle est qu'on peut décider à tout moment de sa vie de prendre conscience de sa belle étoile et de la faire briller, peu importe les facteurs de ce monde qui tendent toujours à l'étouffer.

I. QU'EST CE QUE L'ÉTOILE D'UNE PERSONNE?

L'étoile d'une personne c'est l'aspect essentiellement positif de sa destinée. C'est l'ensemble de tout ce qu'elle a de positif en elle. Peu importe ce qu'est une personne, quand on parle d'étoile, on parle uniquement de tout ce que cette personne a de positif en elle comme son talent, sa vocation, sa destinée, son énergie, sa longévité, son sourire, sa santé, sa capacité à procréer... C'est donc l'ensemble des dons d'une personne. Étant donné que chacun de nous a absolument en lui un ou plusieurs aspects positifs, on pourrait logiquement déduire que chaque personne a en elle une étoile. Si on parlait matériel, on aurait dit que c'est l'ensemble des éléments de l'actif d'une personne, l'ensemble de tout ce qui est rentable. Et comme tout ce qui est rentable est désirable, vendable, convoitable…Il existe donc de véritables réseaux de trafic d'étoiles, programmés mystiquement et exécutables tant mystiquement que physiquement.

Exactement comme toute naissance se prépare sur le plan physique, elle se prépare également sur le plan spirituel. Ce qui fait qu'avant notre naissance, on a déjà des éléments dans notre actif. Ces éléments dont la valeur et la qualité varient d'un individu à l'autre, dépendamment de l'actif de ses parents et autres ascendants. Ainsi, d'autres naissent avec un actif supérieur à d'autres. Sachant donc que chaque être est à la fois ange et démon, il y a incontestablement en chacun de nous le bien et le mal. Ce côté bien qui attire donc vers nous tout ce qui est bien, tout ce que nous désirons de bien. Étant donné que la vie est une succession de choses et de personnes.

II. COMMENT CONNAÎTRE LA TAILLE ET LA BEAUTÉ DE MON ÉTOILE?

Pour reconnaître la grandeur et la beauté de votre étoile, même si la vie semble encore très dure pour vous, il faut observer vos attaques, vos persécutions, vos combats… Si tout le monde s'acharne injustement sur votre personne, si vos attaques et vos combats sont rudes, si malgré vos bonnes actions et votre belle personnalité vous ne récoltez que le mépris et le rejet des autres, commencez à ne plus en vouloir à qui que ce soit, mais cherchez au fond de vous la personne que vous êtes réellement. Rassurez-vous après examen de conscience que ce ne sont pas vos actes qui imposent ces méchancetés que vous vivez. Si vraiment vous êtes une personne juste, sachez donc que la taille des peines que vous vivez est proportionnelle à la dimension de votre étoile, et parfois moins. Mettez-vous à fond à l'œuvre, afin de la faire briller.

Tu as une belle étoile que toi-même ignore. Protège-la, bagarres afin qu'elle ne te soit ni volée, ni détruite. Ta belle étoile peut amener les gens à te détester et à détruire ta vie, y compris tes proches et ta descendance, mais à toi de savoir retourner `cela. Sachez que pour faire du mal à une personne, on peut juste faire du mal à son enfant, surtout le plus brillant. Autrement dit, pour dêtruire une famille, on peut juste faire du mal au plus brillant. Par ailleurs, pour reconnaître qu'on a une belle étoile, il faut observer :

- L'énergie que vous dégagez ;
- L'ambiance qui s'impose quand vous êtes quelque part, y compris chez vous ;
- L'attention et les regards que les inconnus vous prêtent sans toutefois vous connaître ;
- L'humeur que vous dégagez ;
- La facilité qu'ont les gens à vous suivre, vous admirer et aussi à s'attaquer à vous sans raison aucune. Car autant votre belle étoile plait, autant elle dérange.

Il y a des gens qui pensent qu'être une personne influente c'est être cette personne qui fait fuir tout le monde au passage. Ce qui n'est pas totalement faux, mais ce qui pourrait traduire que ces gens exercent une influence négative sur les autres. Bizarrement, certains parents adoptent cette attitude pour soi-disant amener leurs enfants à avoir peur d'eux. Mais alors, la peur est-elle le respect ?

Il y a aussi des gens qui sont très accueillants, gentils, qui imposent la bonne humeur à leur passage, avec leur sourire très contagieux. Ils prennent toujours la vie dans le bon sens, tout en imposant le respect par leur attitude respectable, très adorable, mais tout en suscitant de la jalousie, car leur péché c'est d'attirer involontairement l'attention de tout le monde. Si seulement cet aspect extérieur qu'ils présentent est vraiment le reflet de leur fond intérieur, ils peuvent savoir qu'ils ont une très belle étoile. S'ils savent bâtir leur avenir, ils auront du succès.

En fait, ce qui habite en chaque personne peut s'exprimer :

- Sur son visage à travers le regard et l'expression faciale, parfois à des moments inattendus, malgré le sourire masqué de la personne ou pas.
- À travers son attitude et le jugement qu'elle a d'elle-même et des autres.

C'est chacun qui décide de l'ambiance qui règnera autour de lui, à travers l'énergie qu'il dégage. C'est pourquoi certains diront :

« on ne devient pas leader, mais on naît leader ». Car dès le bas âge on peut présenter des signes distinctifs. La bonne nouvelle est qu'on peut à tout moment décider de se bâtir une bonne étoile, de devenir la meilleure version de soi, d'avoir désormais un impact et une influence positive sur les autres, de vivre heureux, en fait, de se réinventer. Car l'Homme est ce qu'il se fait", l'a dit Socrate.

I. COMMENT PROTEGER SA BELLE ÉTOILE?

Il y a plusieurs méthodes pour récupérer et protéger son étoile. Les traditions anciennes et religieuses le savent, mais peu importe le moyen, ce sont les paroles prononcées qui activent l'effet de protection. Ces paroles destinées au Père Créateur, encore appelées prières. Car tout commence par la parole. Et rassurez-vous, votre étoile vous appartient. Donc peu importe le géant qui l'atteint et l'éteint, vous pouvez la récupérer et la faire briller, il suffit de vous lever et de prendre action sur votre vie, surtout en priant, mais tout en sachant qu'à la prière s'ajoute la protection, parfois par le port ou l'usage des trucs comme :

➢ Pour des religieux :

- Les chapelets et autres bijoux ;
- La croix ;
- Les livres saints ;
- Les objets de décors personnalisés et bénis ;

- L'encens ;
- De l'eau bénite ;
- De l'huile bénite surtout l'huile d'olive ;
- Des morceaux de tissus ou étoffes bénis ;
- Des parfums spécifiques ;
- Les bougies allumées.

➢ Pour les traditions anciennes et modernes :

- Les pendentifs, colliers et autres bijoux fabriqués à partir des matières naturelles et énergiquement destinés à attirer les ondes positives. Telles sont des pierres précieuses et autres éléments de la nature.
- Des objets de décor dont les formes varient selon chacun ou selon les traditions ou alors selon les religions.
- Des masques…
- Des plantes telles que l'arbre de paix…
- De l'encens ;
- Des parfums ;
- De l'eau bénite ;
- Du citron ;
- De l'huile d'olive bénite ;
- Verser le sel partout dans la maison et tout autour de la maison.

- Mettre du sel dans son eau de bain et se laver avec, permet d'évacuer les ondes négatives.
- Les bougies allumées.
- Mettre les gousses d'ail dans tous les coins de la maison.
- Brûler les clous de girofles, de la cannelle, les feuilles de laurier et faire rependre la fumée dans la maison.

Prendre une eau de Cologne quelconque, y mettre sept clous de girofles non écrasés, sept pincés de sel, sept feuilles de laurier écrasées, de la cannelle en bois. Puis mélanger quelques gouttes chaque jour dans votre lait de toilette et appliquer sur votre corps. Ou alors, si vous n'avez pas l'eau de Cologne faites ce mélange immédiatement dans votre lait de toilette chaque fois que vous l'achetez. Pour plus de clarté, effectuez des recherches sur chacun de ces ingrédients et leur effet spirituel.

Le plus important est de savoir que dans les deux cas (Religieux ou traditionnel), ces objets doivent être bénis, c'est-à-dire des paroles positives doivent être dites sur ces objets ainsi que le but de leur usage. Et ça, tout le monde peut le faire. Vous-même vous pouvez le faire.

C'est vrai qu'il faut faire croire au monde qu'il y a des personnes spéciales pour cela, car avoir la connaissance c'est une chose, savoir en profiter c'est une autre. Beaucoup de secrets sont cachés dans le but de s'enrichir. Et aussi parce que l'être humain minimise et méprise toujours ce qui est à sa portée. En revanche, il aime et valorise l'inaccessible. En réalité, on achète souvent ce sur quoi on marche au quotidien. Des pierres plus ou moins précieuses, du bois et autres objets de la nature ayant juste subi une transformation, pourtant même à l'état brut ils ont la même efficacité.

V. COMMENT FAIRE BRILLER SON ÉTOILE?

De manière générale, l'on a tendance à se sous-estimer. Tout simplement parce qu'on regarde les autres en ne voyant en chacun d'eux qu'essentiellement ce qu'on n'a pas, tout en supposant qu'on devrait l'avoir. Sans toutefois prendre le temps de constater que non seulement les autres n'ont pas individuellement l'ensemble de tout ce qu'on souhaite avoir, mais aussi qu'on a en nous ce que les autres n'ont pas, mais désire aussi l'avoir, exactement comme on veut avoir les leurs.

Ce sont ces envies mutuelles et incomblables qui poussent certains à se perdre. Car au lieu de se concentrer à faire ressortir tout ce qu'on a de beau en nous, afin d'impacter le monde et de ce fait, de faire briller notre étoile, l'on s'enfonce dans l'amertume.

En effet, pour faire briller son étoile, il faut :

- Être fier de la personne qu'on est.

- Travailler sur soi pour être la meilleure version de nous-même.
- Prendre soin de soi.
- Poser des actes visant à nous élever et élever les autres. Et non nous rabaisser ou rabaisser les autres.
- Accepter d'être un modèle pour son choix de vie.
- Se démarquer.
- Rester concentré sur ce qu'on veut et non sur ce qu'on ne veut pas.
- Agir de façon à attirer essentiellement des ondes positives.

Il est très important de savoir que la bonne humeur est en accord avec la bonne énergie et la mauvaise humeur est en accord avec la mauvaise énergie. Et l'on ne reçoit que ce qu'on attire vers nous.

Le plus dur n'est pas parfois de faire briller son étoile, mais c'est qu'avant de penser à faire briller votre étoile, il faut déjà vous rassurer :

- Que vous la possédez encore ;
- Que votre âme n'ait pas été emprisonnée quelque part ;
- Que vous ne subissez pas un karma ou une malédiction…

Si c'est le cas, faites une restitution complète de votre étoile. Ceci passe par un lavage à de l'eau bénite. Ce lavage encore appelé baptême. Une eau bénite est une eau sur laquelle des paroles positives ont été prononcées, dans le but d'évacuer en toute personne qui fera usage de cette eau, la mauvaise énergie ou onde négative, afin d'être purifiée. Par ailleurs, il y a aussi des astuces et des produits que le monde connait et qu'on peut rajouter à cette eau ou séparément. Cependant ce sont les paroles prononcées encore appelées prières, les plus importantes. Mais la combinaison de tout ceci garantit une solution efficace et efficiente. D'ailleurs, retenez que la prière sans action égale miracle.

Dieu seul sait si on peut se bâtir une vie dans l'attente exclusive et continue d'un éventuel miracle. Mais moi, je sais que ma mission principale de vie est de rappeler au monde que chacun doit se lever sur sa vie et prendre action avec la plus grande rage possible, mais aussi et surtout choisir le bon chemin et faire preuve de persévérance. Tout en gardant à l'esprit que, l'étoile de chacun brille en fonction des dispositions qu'il prend pour faire ressortir ce qu'il a de meilleur en lui. Cela passe par plusieurs éléments tels que : la détermination, le courage, le travail, l'endurance, la patience, les actes que nous posons… Pour le plan physique, mais surtout et aussi par les dispositions que chacun prend spirituellement pour protéger sa belle étoile. La disposition primordiale est de prononcer au quotidien des paroles appropriées à votre vécu et vos attentes. Tout en sachant que les paroles positives attirent sur soi des ondes positives et les paroles négatives attirent sur soi des ondes négatives. En fait, l'action de faire briller son étoile est un processus qui passe même parfois par la repentance, la reconnaissance, la délivrance, la renaissance.

Faire briller son étoile est donc un processus qui va du spirituel au physique. Mais attention, l'étoile ne brille qu'au bout des efforts consentis. C'est le résultat d'un travail d'ensemble acharné et d'une patience extrême, motivé par la conviction et la confiance en soi, puis guidé par Dieu à travers des révélations à la suite des prières. Par ailleurs, l'une des tristes réalités est que beaucoup de gens dans l'optique de faire briller leur étoile, vendent plutôt leur âme, car le chemin de Dieu est plus long et plus pénible, mais ils ignorent une chose ; c'est le chemin de la vie. En revanche, ce qui semble facile est en réalité ténébreux. Et nul n'a idée de ce qui l'attend vraiment jusqu'à ce qu'il soit dos au mur.

CHAPITRES VII : LA MAUVAISE CONDUITE

La mauvaise conduite est l'extrême détermination qu'ont certaines personnes de faire briller leur étoile bien qu'en faisant quelquefois valoir leur talent, peu importe le prix à payer. Cette détermination entraine la liquidation ou la cession volontaire de son étoile au prix d'une élévation rapide sur le plan physique. On dit communément « vendre son âme ». Mais la réalité c'est qu'on ne vend pas une âme, mais on l'offre tout simplement en sacrifice. L'âme n'ayant pas de prix. Cependant, la supposée gloire qu'on se fait miroiter en échange de son âme est tout simplement une infirme partie de votre propre gloire prévue longtemps avant votre naissance.

C'est un principe de conversion à sens unique, qui consiste à vous « vendre » ce que vous possédez en vous, sans en avoir conscience. Ceci en actualisant de façon cumulée, votre futur. C'est-à-dire ramener l'ensemble des gloires que vous pouviez avoir jour après jour tout au long de votre vie, sur 50 ans par exemple et vous déversez une infirme partie sur une période très courte, ce qui fait l'effet d'abondance et de la gloire, vidant ainsi le contenu de votre existence et devant toujours mal se solder. Parfois même, ils ne se limitent pas à vous vendre votre destinée, mais aussi celle de vos enfants qu'ils soient déjà nés ou pas. Et puisque vous êtes dans un business que vous ne maîtrisez pas, un monde de cruauté, l'échange ne sera jamais équitable. À coup sûr, ce que vous recevez est de très loin inégal à ce que vous offrez. Même si à priori ce n'est que votre accord que vous donnez, au fond vous offrez votre vie, votre étoile, votre âme, votre esprit, vos enfants, voire votre descendance... En fait, vous vous videz complètement.

Le comble c'est que ces personnes très impatientes du succès qui choisissent de recevoir ou de percevoir avant d'offrir, deviennent esclaves du résultat qui leur est imposé. De manière générale, les gens qui se retrouvent dans ce pétrin, ne se rendent pas toujours compte qu'ils ont été dupés. Accepter de vendre son âme, c'est comme accepter d'ouvrir la porte de sa maison à un groupe de bandits contre quelques billets de banque. Non seulement ils emporteront avec eux tous les objets de valeur, ils saccageront tout et pourront au passage tirer sur quiconque est présent, pourront violer, bastonner et même kidnapper n'importe qui présent. Ils laisseront absolument après leur passage le traumatisme et des séquelles inoubliables, voire irréparables.

Sachez qu'en spiritualité, le consentement et la dette sont très dangereux :

- Faites très attention à votre oui dans la vie ;
- Évitez de prendre si vous ne pouvez pas rembourser.

C'est pourquoi les personnes vicieuses donnent toujours avant de recevoir ou de présenter la contrepartie. Et les personnes averties ne reçoivent jamais sans donner. Cette action de donner et de recevoir est une loi de la nature qui leur permet d'avoir d'une manière ou d'une autre votre accord et d'éviter dans certains cas le karma ou tout simplement une dette spirituelle. Même si leurs attentes ne sont jamais proportionnelles à ce qu'ils ont donné. La spiritualité n'ayant pas une grille de prix, elle exige juste des actions symboliques. Il suffit juste de parler sur l'offrande. Savez-vous donc ce qui a été dit sur ce que vous avez reçu ?

Donc pour quelques billets de banque, l'on peut se retrouver en train de sacrifier sa vie, son étoile, sa destinée et même celle de ses enfants. C'est pourquoi une personne qui n'est pas éveillée spirituellement, est un grand danger pour elle-même, ses enfants et les personnes qui l'entourent. Car quand l'heure du sacrifice arrive, tout son entourage est en danger. Il est donc très dangereux de « vendre son âme ». Car vendre son âme, c'est se vendre éternellement. Donc, même après la mort physique, ton esprit sera dans une souffrance éternelle et utilisé pour des missions maléfiques.

L'ennemi n'achète pas le corps, mais l'âme. Pourquoi ? C'est dire qu'il connaît plus que quiconque ce qu'est l'âme d'une personne. Ton âme n'a pas de prix. Pas du tout. Plus loin, si la réincarnation existe, dans quel corps seras-tu réincarné ? Un corps en paix, ou un corps en souffrance permanente. Pose toi de bonnes questions et pense au-delà de ce qui paraît.

I. MISE EN GARDE

Sachez qu'il y a des pratiques visant à vous amener à emprisonner vous-même votre âme, votre esprit, détruisant ainsi votre étoile, votre destinée. Ce sont des pratiques contre nature qui ne peuvent être énumérées du fait de la société. Mais pour vous situer à chaque fois, observez juste le monde des animaux. Observez les animaux et sachez qu'à la base, la vie de l'homme est purement et simplement comme celle des animaux. Mais l'unique chose qui différencie l'homme de l'animal est sa capacité à transformer le monde physique.

Donc, avant de vous orienter ou de vous désorienter, documentez-vous beaucoup sur les animaux et leur mode de vie. Car si le monde des humains évolue avec le temps, celui des animaux reste inchangé malgré le temps. D'ailleurs, « À quoi sert à l'Homme de gagner le monde, s'il perd son âme ? »

II. LES VICES DE LA VIES

La vie est faite de trop de vices. Ce qui explique cela en premier, c'est la différence physique, morale et sociale des uns par rapport aux autres. Plusieurs situations ne sont que l'aspect physique de ce qui se passe réellement dans ce monde. Si vous pouviez avoir une idée de ce que fait subir l'Homme à l'Homme, vous craindrez l'Homme plus que tout sur terre. Il existe tout un vaste champ de pratiques mystiques dans ce monde, telles que :

- Le trafic d'aura ;
- Le trafic d'étoile ;
- L'emprisonnement ou la séquestration des esprits des gens appelée prison mystique ;
- L'esclavage mystique ;
- L'absorption de l'avenir ;
- Le transfert de sort et de maladie ;
- La mort par voie mystique…

Pour des raisons multiples et variées telles que la convoitise, la recherche du pouvoir, la jalousie… l'Homme écrase des vies, marche sur des humains, éteint des étoiles, détruit des auras, anéantit des vies… C'est pourquoi il est très important d'être éveillé spirituellement. Car l'éveil spirituel vous permet d'être conscient de vos choix au lieu de vous faire duper. Généralement, le visage est tourné vers ceux qui subissent des vices physiquement, pourtant beaucoup les subissent aussi mystiquement, y compris les bébés. Et ce parfois avant leur naissance. Des sorts des uns sont parfois scellés par d'autres, généralement des proches. Dans nos familles, ils sont nombreux, dans la rue, on les rencontre. Tous les jours, on est avec eux. Ils sont partout. Ils nous sourient au quotidien, ils nous envoient même des messages d'amour. Ils sont parfois ceux qui comptent le plus pour nous… En fait, il y a un gros trafic mystique. Il faut avoir été victime pour le savoir. Encore qu'il faille même être conscient qu'on est victime d'un tel sort pour s'en défaire et comprendre que « l'ennemi de l'Homme c'est l'Homme lui-même ».

Il faut aussi savoir que celui qui est jaloux de toi n'est pas toujours moins nanti que toi. Si vous n'avez pas conscience de l'étoile qui est en vous, les méchants la verront et la voleront tout en vous transmettant leur mauvaise énergie, leur mauvais sort. C'est ça le monde dans lequel on vit. En réalité, l'Homme est égal à l'Homme, c'est pourquoi pour s'avouer supérieur aux autres, il les détruit, les marginalise, les tue, les écrase… N'oublions pas que si le Lion est le roi de la forêt, c'est parce qu'il ne recule devant rien et tue ou peut tuer toutes les espèces vivantes de la jungle. La vérité c'est que ce n'est qu'une illusion pour un Homme de se croire au-dessus de son semblable.

Prends autorité sur ta vie, saches que Dieu nous a créé libre. Libre de faire de nous ce qu'on veut, libre de faire des autres ce qu'on veut, d'où l'injustice et l'abus. Et tout ce qui se passe il les voit très bien. C'est à chacun de dire STOP et de demander au bon Dieu d'agir. Car chacun est maître de sa vie.
Donc, prends conscience de ton existence et lève-toi sur ta vie. Sachez que beaucoup de choses ont été programmées des années avant leurs réalisations. Car tout prend naissance dans le spirituel par la parole. Si beaucoup sombrent dans la misère et des maux bizarres, ce n'est pas un hasard. Les paroles ont été prononcées et sont prononcées sur vos vies. Vos photos,

vos noms, vos habits, vos cheveux, vos ongles… sont utilisés contre vous et votre descendance… mais l'ignorance prend le dessus. Le voile mystique empêche de voir clair. C'est pourquoi il est très urgent de toujours mettre la nature et ses éléments à notre service, d'avoir des rituels ou des prières quotidiennes.

III. PAROLES DE PROTECTIONS ET DE RESTITUTION D'ÉTOILE

Ouvre ta bouche chaque matin en regardant la direction du soleil et brise tout plan de l'ennemi :

- Demande avec autorité et insistance au bon Dieu, la restitution de ton étoile, brise tout lien maléfique ancestral.
- Demande à Dieu le Père de te montrer tout ce qui a été tripoté contre toi depuis ta naissance à nos jours avec les visages exacts de ces derniers. Ordonne le retour à l'envoyeur.
- Demande à Dieu d'envoyer ce soleil ardent brûler tous ces gens qui te veulent du mal, de brûler tout endroit d'occultisme où ton nom a été et est prononcé. De faire apparaître le soleil si ton esprit, ton âme sont invoqués dans les lieux occultes, tout en frappant droit dans les yeux de celui ou ceux qui les invoquent. Que ton image soit l'image de ce soleil ardent.
- Ordonne l'anéantissement de tous les pouvoirs maléfiques de ceux qui se dressent contre toi.

- Demande-lui de renverser tout ce que quiconque a planifié contre toi. Et ordonne un retour à l'envoyeur afin que chacun récolte au centuple le prix de ses actions dans ta vie et ses souhaits pour ta vie.
- Prends autorité sur ta vie, exige la libération de ton esprit. Déclare que nul autre que toi n'a le pouvoir sur ta vie.
- Demande à Dieu de faire briller et illuminer ton étoile afin de mettre sur ton chemin tout ce qu'il a prévu pour toi.

CHAPITRE VIII : L'AMOUR

Les règles primordiales de l'amour sont :

1. Aime-toi ;
2. Aime-toi, toi-même ;
3. Aime-toi, toi-même d'abord...

Enfin, aime ton prochain comme toi-même et surtout, sans rien attendre en retour.

En réalité, si tu sais qui tu es, si tu aimes la personne que tu es, si tu apprécies les actes que tu poses, si tu agis sagement dans ta vie, tu dois t'aimer. Et si tu t'aimes toi-même, tu auras confiance en toi. Quand tu fais grandir l'amour qui est en toi, tu peux avoir suffisamment d'amour à partager, car on ne donne que ce qu'on a.

Tu dois aimer les autres comme toi-même. Car si tu aimes les autres comme toi-même, étant donné que tu t'aimes suffisamment et que tu as confiance en toi, tu feras confiance aux autres. Mais en gardant à l'esprit qu'autrui ce n'est pas toi, tu seras méfiant, mais cette méfiance ne doit en aucun cas être apparente. Cette méfiance te permettra juste d'aimer en restant lucide. Mon sourire, ma politesse, mon franc-parler... ont toujours su cacher mon côté très méfiant. Cet amour que tu as pour toi et en toi est ce que tu possèdes et peux contrôler.

L'amour qu'une personne dit avoir pour toi n'est en réalité pas sous ton contrôle. Tu peux avoir la certitude de ce qui est en toi, mais jamais de ce qui est en une personne autre que toi. Car tu es maître de toi et non de ceux qui se présentent à toi. Et seul Dieu peut sonder les cœurs. En préservant donc ton amour propre, tu réaliseras que, lorsqu'arrivera la mauvaise surprise, cet amour et la confiance que tu as en toi et pour ta propre personne, te feront sourire au lieu de pleurer.

Tous ceux que j'ai aimés et qui ont essayé de me faire souffrir ou chanter, ont toujours fini par douter de l'amour que je leur portais. Y compris mes plus proches. Tout simplement parce que la personne que j'aime le plus sur terre, c'est moi-même (sans prétention aucune). Mon estime personnelle est la chose que je protège plus que tout au monde. Si je perds cela, je me perds moi-même, et si je me perds, je perdrai mes repères, ma mission, les gens qui m'aiment encore et qui m'aimeront davantage.

Il est vrai qu'on ne donne que ce qu'on a. Mais si tu donnes aveuglement, tu dois rencontrer des obstacles que tu ne pourras ni voir de loin, ni éviter. Ta douleur ne dépendra pas seulement de la gravité du choc, mais aussi et surtout de la vulnérabilité que tu t'es créée en offrant sans réserve l'amour à une personne autre que toi. Sois vrai, mais protège ton estime propre. Saches que tout ce qui est accessible est en dommageable. Donc, il faut toujours être prêt, lorsqu'on permet à une tierce personne d'entrer dans notre vie. Peu importe la manière, peu importe la raison. Toujours bâtir et solidifier ses arrières, pas nécessairement en montrant sa méfiance, mais tout simplement comme une personne avertie, en se préparant psychologiquement à tout ce qui pourrait arriver et anticiper sur l'avenir.

Plusieurs personnes aimeraient marcher sur d'autres afin de se sentir supérieures : triste réalité. L'humilité, la douceur, le respect, l'amour sont des vertus et non des faiblesses ou de la bêtise. C'est pourquoi il faut bien se tenir face à des personnes très sincères, bien réfléchir avant de penser être au-dessus et savoir que :

1. Celui qui aime le respect, est respectueux ;
2. Celui qui veut être aimé, aime ;
3. Celui qui aime la paix, en procure ;
4. Celui qui veut qu'on lui sourît, sourit ;
5. Celui qui aime l'humilité est humble ;
6. Celui qui aime la vérité est vrai ;
7. Toujours donner ce que l'on aimerait recevoir ;
8. Imposer de part soi-même ce qu'on désire recevoir ;
9. Aimer ne veut pas dire être aimé.

Car donner, ce n'est pas recevoir, bien qu'en donnant, on puisse recevoir. Être vrai, sincère, écouter les autres, aller un peu dans leur sens, ne veut pas dire qu'on n'a pas de plan ou d'estime pour soi

Quand tu as confiance en ce qui est en toi, cela veut dire que tu peux :

- Rendre les gens autour de toi heureux ;
- Procurer la joie, l'harmonie et la paix ;
- Être capable de booster les autres et de leur redonner confiance en eux ;
- Déverser l'amour et par conséquent, le bonheur.

Sois vrai et les gens, même contre leur gré, seront vrais avec toi. Car chacun a une conscience, peu importe le degré ou le pourcentage.

Quand tu es une personne vraie et sincère, beaucoup de gens vont venir vers toi et s'éloigner tout seuls, certains te diront même en parabole ce qu'il en est. À toi de savoir lire entre les lignes et comprendre au-delà de leurs expressions. Il faut savoir regarder une personne droit dans les yeux et lui dire : voici mes attentes, quelles sont les tiennes ? Il faut savoir imposer la vérité afin de vivre libre et sans regret.

CHAPITRE IX : LE POUVOIR DE LA PENSÉE

Fais attention à tes pensées et tes actes. Ce que tu penses c'est tout simplement ce que tu demandes à ton esprit de faire. Et ton esprit puisqu'il est à ton service, mettra les choses en place pour toi. Si tu penses à ce que tu aimes et souhaite l'avoir, tu l'auras. En même temps, si tu penses à ce que tu n'aimes pas et ne souhaite jamais l'avoir, tu l'auras. Car la nature ne connaît pas la négation "ne pas" qui s'ajoute à ta demande par tes pensées. Par ailleurs, si tu penses que tu aimes une personne, ton esprit doit transmettre cela à son esprit. Sachant que penser c'est demander à l'esprit d'agir. Son esprit doit donc lui rendre compte. Et cette personne peut comprendre ou non. Mais sachez une chose, nos esprits nous transmettent en permanence des messages, c'est nous qui sommes juste ignorants.

Vos deux esprits après avoir communiqué, doivent transmettre le message au divin, afin qu'il organise selon vos prières et vos désirs, une rencontre qui vous permettra de vous rapprocher physiquement, afin que vous puissiez exprimer vos sentiments. Si vous savez saisir la chance ! En effet, en spiritualité, rien n'est le fruit du hasard. Chaque chose a bel et bien une raison d'être et naît toujours de la pensée. Il arrive parfois que lorsque vous rencontrez une personne, vous avez l'impression de vous être déjà vu. Parfois même, vous avez l'impression d'avoir déjà vécu la scène qui se passe.

Quand vous vous parlez, c'est comme si vous avez déjà eu à avoir cette conversation là, vous êtes capable d'anticiper à l'intérieur de vous, ce que la personne vous dira. Vos faits et gestes semblent vous être mutuellement familiers. Bref, votre intuition vous dit : c'est elle. En fait, ce sont vos esprits qui se parlent et vous parlent. Mais ne l'oubliez jamais, l'élément déclencheur c'est votre pensée. Donc faites très attention à vos pensées, votre esprit va généralement dans le sens de vos pensées.

Ainsi, que tes pensées soient positives ou négatives, ton esprit va les transmettre aux autres esprits appropriés à ta demande. Si tes pensées sont sans cesse positives et bien, ton esprit sera en collaboration permanente avec les esprits du bien, et ces esprits du bien seront tes principaux alliés. Si tes pensées sont toujours négatives et mauvaises, ton esprit sera en collaboration permanente avec les esprits du mal, qui seront tes principaux alliés. Dans les deux cas, cela a un impact direct sur ta vie. Parfois, il suffit juste de regarder une personne et ce à quoi ressemble sa vie pour savoir quels types de pensées habitent son esprit ; les pensées positives ou négatives.
Quelquefois le regard en dit long.
Vous avez souvent observé le regard et l'expression faciale d'une personne pour ne pas parler du raisonnement, afin de déduire qu'elle est jalouse de l'autre ou mal intentionnée ?

En réalité, la vie d'une personne est juste le reflet de ses pensées. Car penser c'est attirer. D'où "la loi de l'attraction". Si tu penses réussir, ton esprit t'orientera vers le chemin de la réussite. En fait, cette pensée que tu as de réussir, crée en toi une grande détermination et le goût de prendre le risque. Pour être soi, il faut éviter de penser que l'autre est meilleur que toi ou que tu es meilleur que l'autre. En gros, ton esprit est ton serviteur c'est le toi invisible et réel. Il travaille nuit et jour pour te dire ce qui est bien pour toi ou non, sur la base de tes pensées qui sont en réalité les désirs de ton cœur. Il est aussi un lanceur d'alerte. C'est pourquoi, quand ton esprit te passe un message pour lequel ton attention et ta pensée n'étaient pas dirigées, saches que c'est urgent et prends-le très au sérieux.

Par exemple, tu veux voyager, tu planifies tout, à l'instant où tu démarres ta voiture, "une voix à l'intérieure de toi te dit, n'y va pas". C'est ton esprit qui te parle, il te prévient d'un danger ou d'une opportunité plus ou moins importante que tu manqueras au cas où tu déplacerais. C'est pourquoi il est extrêmement important d'être éveillé spirituellement, d'avoir la connaissance, surtout de connaître qui tu es et l'univers dans lequel tu vis. Certains vivent la spiritualité sans la comprendre, car ils manquent d'éveil spirituel. On ne t'apprendra en réalité rien de nouveau, mais on éveillera ton esprit à comprendre par toi-même les messages et révélations qui te sont destinés, à connaître qui tu es et ce qui t'arrive au quotidien : "connais qui tu es", c'est le but.

Notre esprit nous transmet énormément de messages et c'est pourquoi il faut toujours être lucide pour les capter, c'est à dire:

1. Ne sois pas passionné ;
2. Ne sois pas alcoolique ;
3. Évite d'être colérique ;
4. Évite d'être rancunier ;
5. Focalise-toi sur des choses utiles ;
6. Évite d'être envieux et jaloux ;
7. Évite d'être impulsif et émotif ;
8. Évite toute consommation abusive de drogue et autres stupéfiants.

En gros, évite toute forme d'addiction. Car c'est à ces moments d'inconscience et de vulnérabilité qu'on peut causer l'irréparable et par conséquent tout perdre, malgré les alertes de notre esprit. Quand tes pensées sont pures, ton esprit va vers des missions utiles. Ce vers quoi sont dirigées tes pensées fait partie de ce à quoi ressembleront les résultats dans ta vie. Par ailleurs, communiquer avec son esprit ne suffit pas. Car en plus de tes pensées, les actes que tu poses déterminent les résultats que tu auras. Au-dessus de nos esprits et de tout esprit, il y a un esprit suprême : Dieu dont le nom varie selon les croyances et les origines, pourtant le même.

Il est le juge, car dans ce monde il n'y a pas que nous, il y a aussi les autres et nous avons tous la même valeur à ses yeux. C'est pourquoi il faut aussi connaître l'univers et ses lois. Tout le monde pense, mais peu s'expriment. Et pourtant l'expression d'une pensée positive peut changer beaucoup de choses dans le monde. Face à certaines décisions et engagements parfois, quand mon esprit me dit non, je ne réfléchis même pas. Car mon esprit me connaît. Et par conséquent, connaît ce qui est compatible avec moi ou non. Mes échecs, que j'aime appeler expériences, sont des décisions que j'ai souvent prises à l'encontre des conseils ou des refus de mon esprit.

Ton esprit te connaît mieux que quiconque et sait ce qui est bien pour toi. Pense à ce que tu veux et non à ce que tu ne veux pas car tes pensées doivent être essentiellement positives et non au sens négatif du terme. Par exemple il est mieux de dire je veux être riche, que de dire je ne veux pas être pauvre. En enlevant la négation ne pas, il reste : je veux être pauvre. Il le sera donc fait selon ta volonté. Car il s'exerce sur tes pensées une loi appelée loi de l'attraction. Nous attirons vers nous ce que nous pensons.

Parlant de loi d'attraction, un ami m'a un jour dit :

- « MIROLL, j'ai essayé et expérimenté la loi d'attraction pendant des années en vain, cette histoire de loi d'attraction est fausse et ne marche pas ».
- Je lui ai demandé, comment ça ?

- Il me dit : je me suis concentré sur l'idée de devenir riche, d'avoir beaucoup d'argent, je n'ai pensé qu'à cela pendant deux ans, et ça ne m'a pas réussi, j'ai arrêté.
- Je lui ai demandé s'il a bien compris la spiritualité dans son contexte vraiment spirituel ?
- Il me dit oui.
- Je lui ai demandé si c'est Dieu qui a créé l'argent ?
- Il a dit non.
- Je lui ai dit, demander l'argent à Dieu c'est comme ces enfants qui voient quelqu'un avec quelque chose et demande à son parent de prendre et lui donner.
- Je lui ai dit, l'homme a fabriqué son argent et a fixé des moyens et conditions à remplir pour l'avoir. Si tu ne sais pas comment faire ou si tu ne fais pas ce qu'il y a à faire pour avoir de l'argent, tu ne l'auras jamais et surtout pas en abondance. Quand on parle spiritualité, on parle du monde immatériel.

Cela m'a fait penser à la toute première fois où j'ai publié sur mon statut que : « j'ai accepté ma mission de vie qui est d'aider les gens et dorénavant je suis disponible et à l'écoute, au cas où quelqu'un a un problème ». Dans les minutes qui suivaient, ma messagerie était remplie de problèmes d'argent. J'ai reçu plusieurs appels, tous avaient des problèmes qu'eux-mêmes résumaient en argent. C'est-à-dire que, peu importe le début du problème que chacun d'eux posait, la finalité, le seul et unique besoin était l'argent. Donc tous me demandaient ainsi et individuellement de l'argent.

Je me suis sentie frustrée et j'ai dit : "Dieu, c'est ça ma mission là ?" Partager l'argent ? Je leur ai demandé si selon eux, Dieu m'a fait un virement bancaire pour résoudre leur problème d'argent. J'ai regardé le ciel et j'ai dit, père j'opte pour l'écriture. Je transmettrai tes messages par écrit. Et le jour que tu rempliras mon compte bancaire, je vais résoudre les problèmes financiers des uns et des autres.

Encore que résoudre véritablement ces problèmes c'est créer l'emploi. Ce qui n'est toujours pas ce dont ils ont besoin. Ils veulent juste de l'argent et rien d'autre. C'est en réalité ce qui m'a poussé à écrire les deuxièmes et troisièmes parties de ce livre qui sont :

- **RÉINVENTE-TOI.**
- **VENDS-TOI.**

Car au départ le livre devrait être intitulé **"CONNAIS QUI TU ES"**. Mais se connaître n'est pas suffisant pour être heureux.
Il faut savoir que même l'aimant n'attire pas tous les objets. L'esprit communique avec l'esprit et non l'argent. L'argent n'étant même pas une création divine, mais des hommes. Demande aux hommes la loi de l'argent. Comment l'avoir en abondance. Cela nécessite des connaissances économiques et financières. Même si finalement la connaissance spirituelle et autres peuvent engendrer une abondance financière, cela

restera la combinaison d'un tout. Donc, saches que, l'unité de mesure de ta grandeur réside dans tes combats. On nous a tous présenté l'argent, mais on nous a caché tous les moyens de l'avoir en abondance. Le minimum qu'on sait, c'est qu'il faut travailler.

Pour avoir ce qui est matériel, il faut faire des actions physiques et objectives. Même si tout commence par la pensée, cela n'est que la 1ère étape. Mais l'idéal tout d'abord est de rester positif et déterminé, tout en sachant que l'esprit ne parle pas à l'argent, l'esprit ne donne pas l'argent, mais l'esprit parle à l'esprit. D'ailleurs, pour que « Dieu vous donne de l'argent », il faut créer un moyen par lequel il vous fera grâce ». C'est pourquoi les gens qui prennent conscience de leur potentiel, se mettent toujours à leur propre compte, c'est à dire s'investissent dans l'entreprenariat afin de bénéficier à fond et au maximum des grâces divines. Travaille dur et objectivement, le Seigneur bénira tes efforts.

CHAPITRE X : LE POUVOIR DE LA PAROLE

La parole a un pouvoir très fort. Il est écrit : "au commencement était la parole". C'est-à-dire que, c'est avec la parole que Dieu créa le monde, la parole est le pouvoir numéro un de tout engagement et l'élément initiateur de tout projet. Tout commence par la parole, tout commence par ta parole. La parole peut seconder la pensée, comme elle peut être spontanée. La parole construit, la parole détruit. C'est elle qui élève et c'est elle qui rabaisse. Il est très important de savoir en faire bon usage. Dieu lit les cœurs et les pensées, mais le reste de l'univers s'en tient à la parole. Il faut faire très attention à chaque parole que vous prononcez. Elle peut vous élever comme elle peut vous détruire et vous condamner.

Le pouvoir de la parole va de pair avec la vérité. Il faut faire très attention avant de donner son accord sur quoi que ce soit. La parole est l'essence même de la spiritualité, la parole a construit ce monde, la parole peut le détruire, « avant de prendre parole, il faut toujours se rassurer que ce qu'on a à dire est meilleur que le silence ». Car une personne qui garde le silence est mieux respectée qu'une personne qui étale sa bêtise par ses propos ; ses paroles. Mais lorsqu'on est certain de l'expression de son langage et de la pertinence de son message.

On peut prendre parole. Il faut également veiller sans cesse à prononcer des paroles entièrement positives.

Car, savoir parler ou s'exprimer est extrêmement important en spiritualité. C'est pourquoi beaucoup pensent qu'il y a des personnes spécialement dotées d'un pouvoir de prier pour les autres et de voir ces prières s'exhausser. Pourtant, il n'y a pas plus puissant dans ta vie et pour ta vie que toi-même. C'est pourquoi même pour te faire du mal, l'ennemi a besoin de ton consentement. Nous le permettons souvent juste en les laissant entrer dans nos vies. Pour ta guérison aussi, on a besoin de ton consentement (d'où la foi). Sachez aussi que si vous ne parlez pas pour vos vies afin de prendre possession, certaines personnes parlent pour vos vies à leur manière. Il est important de toujours renverser ce qui est dit, même si vous ignorez les paroles qui ont été exactement prononcées. Faites des prières qui généralisent vos doléances.

Sachez que les gens qui vous aiment, vous aiment et c'est tout. Mais ceux qui vous envient, vous jalousent, vous détestent, prononcent des paroles négatives contre vous, nuit et jour. Il faut bien un retour pour renverser cela. Et ce retour, vous pouvez le faire chaque jour, vous pouvez le briser. Il suffit juste de parler dans la nature, en regardant la direction du soleil.

Si quelqu'un sait faire usage de la parole, fais attention à cette personne. Très attention. Même si cette personne est un enfant. Réfléchis trois fois avant de l'offenser. Ce serait sans doute la raison pour laquelle certains pensent que tous les vieillards ont des pouvoirs. Justement, parce que même par expérience, ils ont la connaissance et justement, celui qui a la connaissance, a le pouvoir. Ce pouvoir qui, bien entendu, peut être utilisé en bien ou en mal, ce pouvoir qui est aussi et principalement l'art de savoir communiquer avec la nature et ses éléments ; le pouvoir de la parole. Par ailleurs, l'ignorance et la peur sont les armes principales de l'ennemi. Donc, si tu es attaqué mystiquement, ouvre ta bouche et dit ceci :

- Que tu sois géant dans ta sorcellerie et puissant dans la magie, moi… (votre nom), mon âme, mon esprit, mon corps m'appartiennent et je suis leur unique maître.
- Je refuse que quiconque possède mon esprit mon âme, mon corps et ceux de ma descendance.
- Je refuse d'avoir n'importe quel lien mystique que ce soit avec les sorciers et les auteurs du mal.
- Je brise tout pacte si à jamais j'en ai fait un dans l'ignorance.
- Je brise tout lien maléfique ancestral, de parenté, de sang, par le sexe...
- Je refuse tout mari et femme de nuit.
- Quiconque me maudit soit maudit au centuple.
- Quiconque me bénit soit béni au centuple.
- Que tout ce que quiconque me souhaite lui arrive.
- Toute parole prononcée en faisant mention de mon nom retourne chez la personne.

N.B : Ne sois jamais la personne qui attaque en premier, et ne laisse pas celui qui te veut du mal atteindre son but, croyant qu'un miracle se produira si tu te laisses faire, sans protection et sans contre-attaque. Car même si le karma existe, même si le bon Dieu voit tout, sache que justement, le bon Dieu laisse faire parce qu'il sait que tu as tous les moyens à ta disposition pour te défendre encore et surtout que nous sommes tous ses enfants. Se croire spécial devant Dieu, est une grande illusion. Même ton oppresseur ou persécuteur est un enfant de Dieu.

CHAPITRE XI : LA LIBERTÉ

Dès la création, le Seigneur a attribué une liberté inconditionnelle à ses créatures en général, et à l'Homme en particulier. Ainsi, l'Homme est :

- Libre de faire de lui ce qu'il veut ;
- Libre de faire à autrui et d'autrui ce qu'il veut ;
- Libre de transformer et de manipuler le monde comme il veut ;
- Libre de faire le bien ou le mal…

Mais alors, cette liberté est-elle sans conséquence ? La liberté dans le sens propre, profond et vrai du terme, renvoie à une véritable jungle : le libertinage. Car la liberté a tout de positif et tout de négatif. L'être humain étant aussi deux en un, c'est à dire bon et mauvais, il serait donc clair qu'admettre une liberté absolue, c'est admettre que tout aille dans tous les sens, sans aucun contrôle, sans aucune moralité, sans aucune réglementation, sans aucune normalisation.

En nous créant libres, il n'a tout de même pas donné le même potentiel physique et psychique à tout le monde. Nous pouvons à l'œil nu, voir les différentes apparences humaines (Grand, petit, gros, mince, fort, faible...), pareil pour les différences intellectuelles, mentales, spirituelles... Bien qu'ayant tous une ou plusieurs particularités qui nous distinguent et nous différencient des autres, nous sommes tous complémentaires et les mêmes sous le regard de Dieu. C'est-à-dire que, peu importe nos différences, Dieu aime chacun tel qu'il l'a créé. Car il faut de tout pour faire un monde. Nul n'est à la base supérieure à l'autre, mais chacun se démarque avec le temps. De plus, ce que l'un a, l'autre ne l'a pas et vice versa. Raison pour laquelle ils se doivent de mettre leurs différences ensemble pour former un tout. L'un sans l'autre, ça ne donne rien.

Cela étant, sache que tu as quelque chose en toi, dont le monde a besoin pour sa construction. Mais tu es libre de faire valoir ton potentiel en le mettant à profit ou pas. La liberté au-delà de son sens juridique ou terre à terre, a aussi un sens spirituel. Et c'est là exactement le sens de notre préoccupation, de notre développement personnel et spirituel : il s'agit de la liberté d'esprit. Sachez une chose, votre corps peut être "libre", mais votre esprit emprisonné et votre âme condamnée.

C'est pourquoi il faut :

- Faire très attention à soi dans la vie ; toujours rester éveillé et attentif.
- Faire attention à son choix de vie et à ses choix dans la vie.

Votre choix de vie est ce à quoi vous aspirez et votre choix dans la vie est l'ensemble des voies et des moyens que vous empruntez pour y parvenir. Le terme liberté semble être exclusivement mélioratif, pourtant la liberté n'exclut pas l'entière responsabilité de ses actes. Dieu, en créant chacun de nous libre, a tout simplement remis entre les mains de chacun son destin. Oui, « ton destin est entre tes mains ». Donc, tu es le seul et unique responsable de tes actes, tes choix, tes engagements, tes propos, ton choix de vie et tes choix dans la vie.

Fort heureusement, dans cette liberté, le Créateur a tenu compte de notre ignorance et a mis en chacun de nous un guide spirituel : ton esprit. Peu importe comment tu appelles cette voix qui parle spontanément au fond de toi, c'est ça ton guide spirituel. Ce guide spirituel qui est généralement dominé et même étouffé par la raison. Nous sommes toujours en train de raisonner notre intuition, sans toutefois lui accorder à un certain moment le bénéfice du doute. On reste influencé par la société et focalisé sur ce que pensent les autres. L'être humain ainsi a cultivé en lui l'habitude de plaire aux autres, tout en s'ignorant lui-même et en ignorant que la nature a des lois qui s'imposent et s'appliquent à tout le monde sans exception, donc à cause des actes volontaires ou involontaires, des actes posés par nous ou par les autres, beaucoup de personnes ont des esprits emprisonnés et des âmes condamnées.

De manière générale, notre esprit peut être emprisonné par nous ou par une tierce personne, mais notre âme ne peut être condamnée qu'à cause de nous, à travers les actes que nous posons.

I. LIBERTÉ ET EMPRISONNEMENT DE L'ESPRIT

Tout esprit à la base est libre comme le vent. Orienté et guidé par chacun de nous, notre esprit peut prendre la direction que nous désirons. Il est donc à rappeler que notre esprit est notre guide spirituel et que nous devons toujours communiquer avec lui. Car le Seigneur communique avec nous à travers notre esprit. Dieu étant un esprit, un être invisible. Sachez que les esprits communiquent entre eux et l'unique moyen pour toi de savoir ce que les esprits se disent est de savoir communiquer avec le tien. Ton esprit est là pour toi, pour te guider, te prévenir, t'orienter, t'élever... Il est tout simplement ton véritable lanceur d'alerte. Mais, as-tu conscience de cela ?

C'est alarmant de constater que la plupart des gens qui savent comment utiliser leur esprit, l'utilisent à mauvais escient ; pour dominer et nuire aux autres. Surtout ceux qui n'ont pas conscience de leur existence en esprit ou alors le savent, mais ne connaissent pas comment cela leur est utile ni quoi en faire. C'est-à-dire faire de leur guide spirituel un véritable servant.
Oui, ton esprit est là pour te servir. Ce fervent voyageur qu'est l'esprit

Sachez que lorsque vous prononcez le nom d'une personne, son esprit répond présent. Qu'il soit physiquement présent ou absent, peu importe la distance qui vous sépare. Tout ce que vous dites de la personne, l'esprit peut lui transmettre cela d'une manière ou d'une autre, généralement en rêve, sous forme d'intuition, d'audition, de vision. Si ce qui se dit est mauvais, la personne peut devenir retissante sans savoir pourquoi. Elle peut juste constater qu'elle n'arrive tout simplement plus à se sentir confortable avec vous. Et si c'est quelque chose de bien, la personne peut se sentir en sécurité en votre présence. Mais attention, il n'est pas question d'être imprudent car, si on ne sait pas écouter son esprit ou si on a un penchant pour certaines personnes, certaines choses ou des apparences, on peut très mal interpréter les alertes de son esprit ou être loin de comprendre son intuition. Pour avoir un discernement très poussé, il faut aussi être très impartial et neutre. Car la voix de Dieu résonne à l'intérieur de nous. L'esprit étant en chacun de nous.

Si l'esprit vous transmet toutes les informations et que vous ne parvenez toujours pas à le cerner, si la situation est vraiment grave et que le Seigneur veut vraiment vous en épargner, il s'adressera à une tierce personne, voire plusieurs autres, qui généralement sont douées dans la compréhension du langage des esprits et qui servent d'intermédiaire entre les êtres invisibles et nous, les êtres visibles. C'est pourquoi beaucoup ont souvent l'art de se demander pourquoi les prophètes et autres voyants prédisent beaucoup plus le mal. En fait, quand il y a urgence, il y a mouvement, tant dans le monde physique que dans le monde invisible. Et les signaux sont envoyés selon l'urgence de la situation et surtout si cela n'est pas un plan divin. Autrement dit, si cela est commandité par les Hommes. Car où les gens se réunissent pour n'importe quoi que ce soit, les esprits autres que les leurs sont aussi présents. Donc tout ce qu'ils se disent est transmis aux concernés et aux éveillés spirituels. Même si parfois il faut décoder le message. Pourtant, les plans divins sont rarement connus à l'avance, encore moins avec exactitude.

Il est également important de savoir interpréter ses rêves et de savoir différencier les simples rêves des rêves prémonitoires. Un rêve prémonitoire est un rêve qui prédit l'avenir, généralement un avenir proche. On s'en souvient généralement au réveil et on a l'impression qu'il est si réel. On peut avoir un sentiment de peur ou de fierté au réveil et ce sentiment peut déterminer si le rêve est un bon ou mauvais présage. Nous savons tous que de manière générale, l'être humain est foncièrement méchant et jaloux. Observons le monde physique et voyons toutes les méchancetés et les oppressions que subit l'Homme par l'Homme. Des guerres, la discrimination, les attentats, les agressions physiques et morales, la dictature, la suprématie, la misère... l'Homme veut à tout prix et par tous les moyens dominer son semblable. Et pourtant l'Homme, malgré ses différences, est égal à l'Homme c'est-à-dire corps, esprit et âme. De cette observation physique, sachez qu'il y a donc des réalités dans l'invisible telles que les guerres spirituelles. Peu importe les raisons ; domination, jalousie, haine, vengeance, rituel... l'Homme s'attaque aussi à l'Homme en esprit, c'est-à-dire spirituellement.

Et à cause de l'ignorance accrue de certains, ils parviennent à obtenir un maximum de proie dans leurs attaques invisibles. Car le monde visible ne condamne que des actes visibles, c'est-à-dire sur la base des preuves et autres évidences. Mais dans le monde invisible, c'est la vraie jungle. Les plus puissants avalent les plus faibles. Mais fort heureusement, l'univers a ses lois. Sauf qu'hélas, l'ignorance des uns fait la fierté des autres. Je pense donc à ce passage biblique : "mon peuple périt faute de connaissance", qui me pousse à toujours dire singulièrement aux gens : « lève-toi sur ta vie ». Et pour y parvenir, tu te dois de connaître qui tu es et où tu es, car tout comme vous voyez que :

- La souffrance de l'Homme est causée par l'Homme dans ce monde physique, c'est pareil pour le monde des esprits.
- L'Homme tue l'Homme dans ce monde physique, c'est pareil pour le monde invisible et même pire.
- L'Homme est jaloux de l'apparence de l'Homme, c'est comme ça qu'il est jaloux du potentiel inapparent de l'Homme ; sa destinée, son pouvoir, son talent, sa longévité... sa belle étoile.

Tout ce que Dieu a mis en toi

- Si tu ne le vois pas, certains le voient
- Si tu ne sais pas, certains le savent
- Si tu n'en as rien à foutre, certains t'aiderons à t'en débarrasser

- Si tu ne le protèges pas, certains te le voleront.
- Si tu doutes de toi, certains connaissent ton potentiel.
- Si tu veux réellement le découvrir, lève-toi sur ta vie pour ta vie et celle de ta progéniture.

Connais qui et où tu es. Car tu vis dans un monde qui a des réalités, donc seule la connaissance t'aidera. Tu as du potentiel, il suffit juste de te poser de bonnes questions. La méchanceté de l'Homme ne se limite pas sur le plan physique. Tout au contraire, cette méchanceté naît au plus profond de lui, c'est-à-dire dans son esprit, avant de prendre effet et de se manifester sur le plan physique. Comme il est dit, au commencement c'était la parole. Sache que la parole est fille de la pensée. Si tu découvres ton potentiel et ne l'affirmes qu'après tes réalisations, saches que beaucoup voient ton étoile dès ta naissance et même avant, pour ne pas dire au cours de ta vie. Mais les qui donc ?
Bien entendu, il y a des personnes qui peuvent voir l'avenir. Et parmi elles, certaines sont dotées d'énergie positive et d'autres sont dotées d'énergie essentiellement négative ; des véritables chasseurs d'âmes. Le monde est bondé de chasseurs et de trafiquants d'âmes. Et cela passe par la convoitise. Leur principale cible est la jeunesse et surtout tous ceux dont la détermination de réussir est plus grande que le monde et plus profonde que l'océan, mais les moyens de leur politique sont néant, avec de l'impatience caractérisée, donc le refus strict d'évoluer étape par étape et l'appréhension de l'échec comme

fatalité, car étant en compétition ou en concurrence avec les autres plutôt que de l'être avec eux-mêmes.

Ces gens facilement influençables se mettent vite en situation de vulnérabilité et perdent le contrôle de leur destinée. Car étant troublé par ce que l'œil voit : les biens matériels des autres. Sans savoir comment ces autres ont fait et par quoi ils sont passés pour être à ce niveau-là. Il faut rappeler que les gens ne sont pas pareils, encore moins les réalités et les opportunités. Bref, « dans la vie, il faut aller mollo-mollo ». Les personnes dotées d'énergies négatives, sont sans sentiment, même si elles se font passer pour de véritables anges. Car la gentillesse est l'une des plus grandes ruses des personnes de mauvais augure. Il appartient donc à chacun d'avoir l'esprit de discernement ou de le développer.

C'est le créateur qui a décidé de nous créer libres, mais tout en mettant à notre portée la connaissance des secrets cachés de ce monde qui impose une certaine discipline, le courage, la volonté et surtout la conviction, afin d'y avoir accès. Cette connaissance, certaines personnes nuisent à beaucoup d'autres avec. Car la connaissance peut être utilisée à bon ou à mauvais escient, c'est-à-dire pour le bien ou le mal, pour construire ou détruire. Ces personnes peuvent rendre les autres prisonniers ou esclaves, afin de les dominer. Ainsi, ils emprisonnent beaucoup d'esprits et de consciences.

Plusieurs esprits dans ce monde sont emprisonnés, mais l'ignorent. Tout ce qu'ils savent c'est que leur vie n'avance pas. Certains sont très éveillés et très actifs, font des rentrées financièrement parlant, mais n'évoluent pas. La bonne nouvelle est que, lorsque vous prenez conscience de votre emprisonnement spirituel, vous êtes à moitié libéré ou guéri. Et c'est cette prise de conscience l'élément déclencheur de votre bataille pour la délivrance. Il faut aussi rappeler que certains esprits sont difficilement ou pas du tout aisés à emprisonner.

En effet, le mal que tu fais à autrui et les actes mauvais qu'ont posés tes ascendants facilitent l'œuvre des esprits mauvais sur ta personne, sur ton esprit. En général, le péché est une porte ouverte au malheur. Penser même seulement à faire du mal à quelqu'un fragilise votre esprit car tu deviens concentré sur cette idée de faire du mal, pendant que quelqu'un d'autre ou plusieurs autres personnes sont concentrées à te faire du mal sans que tu ne t'en rendes compte. Tellement ton esprit est focalisé sur le mal. Ton attention n'étant pas portée sur toi, tu deviens ainsi vulnérable et incapable de discerner si ce qui t'arrive est une attaque ou un karma.

Par ailleurs, l'amour et la confiance que vous portez à quelqu'un sont aussi de grands accès à la vulnérabilité et c'est malheureusement donné soi-même l'accès à cette personne de vous faire du mal à sa guise. Tant physiquement que mystiquement. Mais vaut mieux être sincère que d'être faux.

Car au moment du combat, c'est votre côté vrai et sincère qui vous permettra de remporter la bataille. Également, se mettre dans des conditions d'inconscience, rend aussi l'esprit vulnérable. Car c'est à travers des songes que notre esprit communique aussi avec nous et que Dieu nous montre beaucoup de faits à venir ou passés.

- Comment pouvoir donc retenir et se souvenir de ses rêves, si on est en état d'ivresse ou d'inconscience ?
- Comment savoir que notre esprit est emprisonné si on est tout le temps ivre ?

Dans la vie, il faut toujours mettre toutes les chances de son côté. C'est-à-dire

1. Faire du bien aux autres ;
2. Ne pas faire à autrui ce que tu n'aimerais pas qu'on te fasse ;
3. Travailler dur pour réaliser tes rêves et atteindre tes objectifs et ta mission de vie ;
4. Avoir un amour propre et une grande confiance en soi ;
5. Être fier de la réussite des autres ;
6. Être fier de la créature que tu es ;
7. Toujours penser du bien de toi-même et des autres ;
8. Savoir pardonner.

Attention ! Pardonner ne veut pas dire renouer les contacts. Pardonner c'est avant tout faire la paix avec soi et passer à autre chose que de s'attarder à penser à ceux qui vous font vous sentir mal. Quand vous adoptez et appliquez des attitudes essentiellement positives et qu'en plus de cela vous êtes une véritable personne ambitieuse et travailleuse, il est inadmissible que le pouvoir du temps ne vous accorde pas le bénéfice des fruits de vos efforts et de votre bon sens.

Cependant, si vous observez avec patience que, plus le temps passe, votre plan de vie va de mal en pire, surtout si les autres vous font la même remarque, il faudra en premier observer si vos choix de vie et vos actes n'y sont pas directement liés. Sinon, observez vos rêves et intuitions. Demandez fermement au créateur de vous éclairer et de vous montrer ce qui ne va exactement pas.

Car il est possible que votre esprit soit emprisonné.

- La prison spirituelle est une prison invisible et absolument maléfique, programmée par des tierces, généralement très proches de vous pour des raisons qui leur sont propres.
- Parfois aussi, la prison spirituelle est une retombée ancestrale ; les actes posés par nos parents, grands-parents...
- Ça peut aussi être lié au nom que nous portons. Ainsi, une personne ayant eu le même nom que vous, peut avoir fait des pactes maléfiques. Ce qui pousse certains esprits mauvais à répondre présent chaque fois que le nom est prononcé.
- Elle peut aussi être une conséquence directe de nos actes. Quand notre esprit est emprisonné, presque rien ne marche

plus pour nous dans la vie. Tout ce qu'on entreprend ne marche pas. Certains appellent ça le blocage spirituel ou tout simplement le blocage.

Bien entendu, ça existe que vous le croyez ou non et ça agit que vous le voulez ou pas. Tant que vous ne prenez pas conscience de ce qui vous arrive afin de contrecarrer et si possible de faire un retour à l'envoyeur, votre vie ira dans tous les sens : malheur, échec, maladie, dépression, stress, frustration, conflit familial et tous les autres maux de la planète terre. Vous aurez l'impression de ne pas vous reconnaître, l'impression d'avoir terni ou fané, même si vous prenez suffisamment soin de vous.

Ce serait comme un voile, votre entourage aura de la peine à vous reconnaître, tellement vous devenez méconnaissable au fil des jours. Ce sera une véritable dépression. Car la conséquence directe de la prison spirituelle est la dépression. Mais dans cette dépression, vous sentez que votre esprit est pris en otage. Vous vous sentez suivi, observé… Pensez-vous réellement que vous êtes fait pour souffrir ? Si ta réponse est oui, je te dirai bonne chance. Mais si tu penses que tu mérites le bonheur, je te dirai non seulement bonne chance, mais aussi, lève-toi sur ta vie. Personne d'autre que toi ne le fera. Lève-toi et prend les commandes de ta vie, prends le contrôle de ta vie.

Prends le guidon de ta vie, prends le volant de ta vie... Si tu ne le fais pas, les autres le feront à ta place et à leur manière.
Sache que quand ton esprit va mal, ton corps subit

automatiquement les conséquences. Ainsi, plusieurs s'éclaircissent la peau dans le but de briller, ignorant que lorsque l'étoile brille, la peau répond automatiquement, peu importe sa couleur et parfois sans le moindre effort. Car oui, lorsque vous êtes bien dans la tête, le corps réagit. De plus, sache qu'il y a tout sur cette terre : le poison et l'antidote. C'est-à-dire que chaque maladie a son médicament, y compris tes souffrances. La maladie s'invite, mais le médicament se cherche.

- Tu es un être libre, dès la création. Si ton créateur t'a créé libre, qui a donc le droit de téléguider ta vie, ton existence, si ce n'est toi ?
- Arrête de remettre ton destin entre les mains des gens qui eux aussi se cherchent sur cette terre comme toi.
- Personne n'est venu expérimenter cette terre, ce monde, afin de partir pour revenir. Même si la réincarnation existe, personne n'a idée de sa vie antérieure.
- Nous sommes tous venus de la même façon et nous irons tous un jour ou l'autre.
- Nous avons parfois les mêmes craintes, les mêmes problèmes, mais ce qui diffère c'est la taille de nos soucis.

Comme pour dire, nous pouvons tous nager, mais ce qui diffère, c'est la profondeur et la superficie du cours d'eau ou du bassin dans lequel chacun nage. Mais tant qu'on est dans l'eau, on peut se noyer, même si le risque de noyade dépend de la quantité d'eau, de la profondeur du bassin et de l'aptitude de chacun. Vous comprenez donc que plus on est grand nageur, plus on s'aventure dans le plus grand bassin et plus le risque de noyade est élevé. Donc finalement, le problème unique est le risque de noyade et le besoin unique est celui de nager. La qualité, la marque et le prix du maillot de bain n'intéresse personne car ce n'est qu'un détail.

Donc, c'est à tort de penser un seul instant que les uns sont au-dessus des autres. Juste cette façon de penser emprisonne notre esprit surtout au cas où au lieu de prendre ceux qui ont eu un brillant parcours comme modèle, on les prend pour cible. Encore et surtout que l'on ne naît pas grand nageur, mais on le devient. Le problème encore est que parfois, ceux qui ont visiblement un brillant parcours, prennent pour cible des personnes au futur brillant.

Certaines personnes qui peuvent et qui ont la capacité de voir l'avenir des autres décident parfois d'emprisonner les esprits des autres, afin que jamais et au grand jamais ils ne réussissent à briller comme le créateur l'a prévu. Ainsi, certains soumettent des peuples, d'autres ciblent leurs proies et les molestent correctement. Quand l'esprit est emprisonné, on peut le ressentir par une dépression et d'autres maladies. Il faut rappeler que la dépression n'est pas seulement liée à un esprit mauvais, mais ça émane toujours des tristes événements et des pensées négatives. En tout cas, beaucoup en savent quelque chose, bien que la réalité soit souvent différente, tout comme les histoires.

De plus, si vous n'avez pas vécu certaines choses, vous ne comprendrez pas. Mais ce qui se passe dans ce monde, Dieu seul le sait. Et parfois cela se passe sous nos yeux, mais où est le discernement ? Il y a en effet une prison spirituelle, donc très peu en ont conscience. Et la société d'aujourd'hui voudrait que certaines réalités restent taboues. Pourtant, chaque être humain est esprit et corps.

II. MON HISTOIRE

J'ai vécu un moment de ma vie où j'étais sous l'emprise de fortes énergies mauvaises. Mon esprit était emprisonné. Et je pouvais le ressentir. À ce moment, j'ignorais tout ce dont je vous parle aujourd'hui. Sachez que mes écrits sont inspirés de ma vie et des révélations divines. Je ne connaissais presque rien des réalités du monde spirituel, même ayant vécu certaines attaques mystiques par le passé, et aussi, malgré les révélations que j'avais déjà, il me manquait de l'expérience. J'ai été ensorcelée par des personnes très proches de moi qui avaient carrément scellé mon avenir et programmé ma mort. Ceci à plusieurs reprises. Cela a joué sur moi pendant des années, j'ai vécu des années de véritable calvaire spirituel, d'anorexie sévère et de dépression plus ou moins grave. Mon entourage et beaucoup d'autres personnes qui me regardaient, s'exclamaient immédiatement sur mon apparence qui montrait sans aucun doute que j'allais mal.

Plusieurs me faisaient des remarques, d'autres des reproches. Sachant qu'il y a toujours autour de nous, des personnes spécialisées dans les critiques visant à vous rabaisser, sans jamais se mettre, ni dans la peau de l'autre, ni tout simplement se taire. Telle une thérapie pour leur si grand complexe masqué. Mais quand c'est bien, ils n'apprécient jamais, ils observent juste. Certains parvenaient à me dire qu'il y a un esprit mauvais qui me suit partout où je vais et me dérange.
D'autres allaient jusqu'à me demander si j'ai signé un quelconque pacte. Sans compter ceux qui en parlaient à mon insu et que je finissais toujours par le savoir. Il ne fallait pas me connaître pour savoir que j'étais perdue dans ce monde.

Pourtant, je traversais un moment d'intenses attaques et de combat spirituel, sans moi-même avoir conscience de cela, même si je pouvais souvent le ressentir. Je souffrais énormément. Mon esprit bagarrait extrêmement, le Seigneur et son armée me protégeaient véritablement, la preuve je suis vivante. J'avais souvent des révélations exactes, Je me rappelle quand souvent je disais aux miens : "Mon esprit est emprisonné, je sens que mon esprit est bloqué quelque part". Il m'arrivait parfois de citer les contemporains exacts et de déterminer avec exactitude leurs plans, et étape par étape ce qu'ils me faisaient dans « le noir ».

J'étais très incomprise, je me sentais dans un monde autre, je parlais un langage très différent de celui de tout le monde, je me sentais toujours essoufflée, j'avais toujours l'impression que mon esprit et mon avenir étaient ailleurs. Je voyageais beaucoup et pour chacun de mes voyages, j'y allais dans le but de m'installer, mais je n'étais à l'aise nulle part. J'avais toujours l'impression d'être ailleurs. J'étais au fond de moi, dans un monde à part. Je cherchais mon esprit, je cherchais mon avenir et ma détermination de réussir était si grande, mais tout était sombre pour moi, rien ne marchait pour moi, rien du tout, même les choses les plus évidentes. J'étais totalement perdue. Fort heureusement, j'avais des proches qui avaient compris même si ce n'était pas forcément avec exactitude pour certains, ce qui m'arrivait. J'avais une seule et grande question que je leur posais chaque fois : "Dites-moi la vérité s'il vous plaît, suis-je devenue folle ?" Chacune d'elles me répondait toujours, non Miroll, tu n'es pas folle. Tu as juste changé, mais on ne comprend pas pourquoi tu es abandonnée à toi-même. En fait, ce sort jouait à tous les niveaux de ma vie, même en famille, c'était le rejet total.

L'histoire, je la raconte en intégralité dans le livre intitulé **MON EVEIL SPIRITUEL**. Car c'est à la suite de tous ces multiples combats physiques et spirituels que survient mon éveil. Mais il y a toujours une différence entre les histoires des autres et la nôtre. Si on n'a pas vécu certaines choses, on ne comprendra pas. Ce qui se passe dans ce monde, Dieu seul le sait. Et cela se passe parfois sous nos yeux, mais où est le discernement ? Il existe bel et bien une prison spirituelle dont très peu en ont conscience. Et la société actuelle voudrait que certaines réalités restent taboues.

Pourtant, chaque être humain est esprit et corps. Tout le monde le sait, mais combien savent que leur esprit est autant vivant, autant présent que leur corps ? Combien connaissent le rôle de leur esprit en eux enfouis ? Combien connaissent le pouvoir et la capacité qu'a leur esprit de les protéger ?
Combien savent qu'ils doivent communiquer avec leur esprit en permanence ? Combien savent que leur esprit doit collaborer en permanence avec leur corps ? Car si l'esprit est malade, le corps l'est également. Mais si le corps est malade, l'esprit ne l'est pas forcément.

Ce qui m'a toujours rendue forte, c'est cette voix qui parle sans cesse en moi. Mon véritable consolateur a toujours été en moi. D'où ma sérénité et ma force quotidienne. Ne l'oublie jamais, tout pouvoir est en toi, il suffit juste de le réveiller.

Ce pouvoir enfoui en toi est en ton esprit. Écoute-le, crois-le, suis-le. Si les actes que ton esprit te recommande de faire sont positifs, c'est que tu es habité par un esprit saint. S'ils sont négatifs, c'est que tu es sous l'influence de forces maléfiques et tu peux les combattre en refusant de céder avec résistance à leurs recommandations, et en demandant chaque jour au soleil de te séparer de ces mauvais esprits, en brisant de ta bouche les mauvais liens, en ordonnant la libération de ton esprit. Car à la base, tout être humain naît bon. Et sache que tu es le seul et unique maître de ton corps. Ce sont tes choix personnels qui pourront influencer ton esprit.

CHAPITRE XII : L'ESPRIT

À quoi te sert ton esprit ? À quoi te sert ton corps ? L'on est esprit en premier. Et puisque tout esprit doit habiter un corps, notre esprit incarne donc notre corps. Le corps naît, vit et meurt, mais l'esprit non. L'esprit peut quitter un corps pour un autre. L'esprit peut quitter un corps à l'autre, il peut même quitter le corps humain pour entrer dans le corps d'un animal. Les gens développent ce niveau de connaissance et la pratique aussi. Mais généralement, pour faire du mal, nous le savons tous. Même s'ils prétendent l'utiliser comme moyen de protection personnelle et de défense. C'est comme quelqu'un qui détient une arme. Même s'il prétend la posséder comme moyen de défense, il peut aussi l'utiliser pour attaquer ou se venger. De plus, que ce soit l'un ou l'autre, on sait tous qu'une arme sert aussi à tuer.

Il est également très important de prendre conscience du fait que notre esprit est là pour nous servir. Savoir communiquer avec son esprit est très important. D'ailleurs, nous communiquons chaque jour avec notre esprit, mais certains n'ont juste pas conscience de cela. Tout ce que tu demandes à Dieu, saches qu'en réalité, c'est à ton esprit que tu le demandes. Car c'est ton esprit qui habite à l'intérieur de toi et il est ton humble serviteur. Tel est son rôle, c'est également un véritable lanceur d'alerte. Il assure aussi notre protection.

Pour se baser sur les écrits, on fera mention du fait qu'en créant l'homme, Dieu dit : « Créons l'homme à notre image et à notre ressemblance ». Ressembler à une personne, c'est lui être identique. Tu es donc identique à ton créateur, malgré le fait que, « la copie ne sera jamais l'original ». Il a mis en toi tous les pouvoirs, ce qui fait de toi une personne libre et indépendante. Oui, ta vie dépend de toi. Ceux qui l'ont compris commandent le monde. Dieu dit qu'il a mis tous les pouvoirs en toi, même le pouvoir de chasser les démons.

Parlant de cet esprit qui est en toi, la philosophie parle de conscience et l'inconscient, d'autres parlent d'intuition et de la raison. En fait, ton intuition, c'est ton esprit, c'est ton inconscient. Et ton cerveau, c'est ton côté conscient, c'est ta raison. C'est ton côté corps, car oui, le cerveau est une partie de ton corps. Communiquer avec son esprit est si simple, soit tu fais des monologues, soit tu parles à l'intérieur de toi, donc en pensée. Le plus dur est de comprendre avec exactitude ce que ton esprit te dit. Plus loin, de l'appliquer.

Ton esprit étant, comme certains l'appellent, ton intuition. Lorsqu'il te parle, tu le ressens sous forme d'intuition, d'instinct… Car ton esprit parle en toi, oui, à l'intérieur de toi. Parfois comme des flashs d'informations. C'est pourquoi on dit "fais attention à ce que tu penses ". Car on communique aussi avec notre esprit en pensée. Tout ce à quoi tu penses, c'est ce que tu demandes à ton esprit de faire pour toi. Et il sera fait selon ta conviction. Tu peux faire le tri de tes pensées, mais l'esprit, étant ton humble serviteur, fera tout son possible pour que les choses puissent se mettre en place selon tes pensées. C'est aussi pourquoi on dit qu'il faut savoir saisir les opportunités. Mais attention, tout ce qui semble être une opportunité ne l'est pas toujours. Il est donc mieux de savoir faire la part des choses. Donc avoir l'esprit de discernement. Et ceci n'est possible que par la connaissance.

Apprends à connecter ton corps à ton esprit, apprends à communiquer avec ton esprit et surtout à l'écouter, puis il te dira :

- Tout ce que tu veux savoir et même ce que tu n'imagines pas
- Ce que quiconque prépare contre toi

Ton esprit étant un grand lanceur d'alerte.

Ton nom étant également connecté à ton esprit. C'est pourquoi :

- Quand on prononce ton nom quelque part, ton esprit au même instant répond présent
- On peut atteindre mystiquement une personne, juste en utilisant son nom

Le mystique est l'invisible, le spirituel est le monde des esprits, donc invisible. Et beaucoup de choses se préparent à partir de là.

- Votre esprit peut vous lancer l'alerte

- Votre esprit est capable de vous mettre en garde sur ce qui se prépare contre vous, d'une manière ou d'une autre Car votre nom a été prononcé et votre esprit a répondu présent. Donc, il était sur les lieux où tout s'est tissé. Généralement, votre esprit vous le dira soit sous forme d'intuition, soit en rêve, et réellement, vous saurez que votre rêve est un message. Il y a aussi des alertes physiques de plusieurs sortes.

Quand votre esprit vous signale qu'il y a danger ou s'il est lui-même en danger, vous pouvez avoir : des malaises, anxiété, angoisse, fièvre, migraine... Selon le degré de ce qui se passe dans "l'air". Si tu ne comprends toujours pas et que Dieu veut vraiment t'épargner de cela, il enverra une tierce personne qui te dira clairement ce qui est en train de se passer. Cette personne recevra ton message de manière claire ou à déchiffrer. Cette personne peut être l'une des personnes choisies par Dieu pour intercéder entre les esprits et les humains ou un simple messager de circonstance. Mais alors : « je ne crois pas à ces choses-là », prend parfois le dessus sur l'ignorance de certaines âmes pourtant en détresse réellement. L'esprit de chacun de nous voyage à un niveau que Dieu seul le sait.
Cet esprit qu'est le vôtre, cherche parfois des personnes plus éclairées (éveillées spirituellement), pour leur transmettre votre message d'alerte, même sans que vous n'ayez à demander ou à chercher. Surtout si ton esprit est très actif, très protecteur, très fort. Dès que vous lui montrez que vous lui faites confiance et qu'il est votre guide spirituel, il va vraiment jouer son rôle.

Certaines personnes ont vos messages, qui leur ont été transmis par votre esprit, mais hélas, quand vous ne vous montrez pas réceptif, ils vous regarderont sombrer et périr, avec désolation. Votre esprit vous parle, mais vous ne savez pas comprendre. Peu importe votre croyance, sachez que les esprits ne parlent qu'aux esprits. Dieu lui-même pour vous parler, parle à votre esprit. Ou utilise un messager.

C'est pourquoi, même la Bible fait mention des porteurs de messages : "l'ange du Seigneur est apparu à X pour lui dire si, pour lui dire ça... pour lui dire d'aller dire à Y, Z.…que les rois mages…l'esprit de Dieu est apparu à… Dieu a dit à…". La personne se lève et part transmettre le message. Pensez-vous vraiment que quelqu'un a déjà vu Dieu de ses propres yeux ? Ces moyens de communication entre Dieu et les humains se passent jusqu'à nos jours et partout dans le monde. Ce sont des visions, on parle de clairvoyance, de clair audience… Le Seigneur passe par des gens pour nous aider, hélas !!!

Où est la connaissance ? Où est le discernement ? Beaucoup sont des THOMAS, ils n'acceptent que ce qu'ils voient.
D'autres comprennent "ces choses-là", deux mètres sous terre. Et leur esprit commence à déranger les gens avec les pleurs. Quand un mort vient te dire, si je t'avais écouté... Tu as mal ! Quand on veut transmettre la connaissance, tous les sorciers s'agrippent sur nous car l'ignorance des uns est l'assurance des autres. Pire encore, ceux qui t'écoutent pensent seulement qu'il

faut avoir vécu plus de 2000 ans et être sans tâche pour avoir la connaissance.

Car la connaissance, selon eux, est uniquement écrite et réservée aux vieux dont la barbe est blanche. Oui, c'est ce que les images anciennes nous présentent. Cependant, il se passe des ravages dans le monde invisible. Dieu a tout mis à notre portée et a éclairé certains pour qu'ils puissent éclairer les autres.

I. COMMENT COMMUNIQUER AVEC SON ESPRIT?

On communique avec son esprit en pensée et en parole. C'est pourquoi on dit d'une part : « fais attention à ce que tu penses » ; la loi de l'attraction ! Car tes pensées prennent effet dans ta vie. Sachant que notre esprit est là pour nous servir, ce que nous pensons profondément et disons naturellement, est tout simplement ce que nous lui demandons de faire. Et par notre volonté et notre conviction, l'esprit se chargera de la connexion. Observez quand parfois vous pensez profondément à une personne et la personne vous appelle, vous vous dites : quelle coïncidence ! Vous ne pensez à un éventuel hasard que si vous ignorez que les esprits communiquent entre eux. Avant de poser tout acte, demandez à votre esprit, car un acte mauvais, le tourmente. Si ton esprit est dompté, ton corps le sera.

Ton esprit est ton guide spirituel. Même si tu ne l'écoutes ni ne lui obéis toujours pas, avec beaucoup de patience et de temps, tu finiras toujours par te rendre compte que ton guide spirituel ne se trompe pas. Ton lanceur d'alerte, l'intermédiaire entre ton toi physique et le monde des esprits ; le monde spirituel. Si tu lui demandes de te prévenir des situations, il le fera. C'est juste la communication et le discernement qui pourront faire défaut. Il y a des esprits bons et des esprits mauvais. Chacun sait au fond de lui, lequel habite en lui. Nous pouvons le déterminer à travers nos actes, nos pensées. Et nous pouvons après introspection, décider de transformer notre esprit en esprit bon ou mauvais. Car chacun reste maître de son destin.

Dis merci à Dieu, si toi-même tu réalises, en plus des témoignages, que tu es habité d'un bon esprit, d'un bon guide spirituel. C'est lui qui te dit souvent :

- Calme-toi, lorsque tu es en colère ;
- Laisses tomber, lorsqu'on te provoque ;
- Ne pleure pas, si tu es déprimé...

Il t'épargne beaucoup de mauvaises situations également. C'est ton lanceur d'alerte, ton protecteur, ton guide. Les esprits communiquent aussi entre eux. Et renvoient cela à la personne physique. Soit en rêve, soit par audition, soit par un intermédiaire...

Quand tu provoques une personne physiquement et la personne ne te répond pas physiquement, réfléchis au moins quatre fois avant de la provoquer davantage. Cette personne peut ordonner aux esprits divins de te répondre. Sans toutefois être compliquée ou appartenir à un groupe spécifique de personnes ayant une idéologie commune... il faut juste se rassurer qu'on ait raison sur toute la ligne et qu'on ne fasse également pas de mal aux autres. Ainsi, le karma se chargera du reste à coup sûr. C'est clair qu'il y a plus violent que la justice physique des hommes. On ne s'attaque pas à tout le monde. Il faut toujours craindre les gens qui évitent les problèmes et parfois, semblent ne pas savoir se défendre. Parfois, la connaissance de la spiritualité impose la règle qui est d'éviter d'offenser afin d'obtenir à coup sûr, une justice divine au moment opportun. Donc celui qui te provoque paye immédiatement.

II. PETITE HISTOIRE

Une femme m'a fait les problèmes pendant plus d'une année, pourtant je ne lui avais rien fait du tout, mais j'ai compris en fait que mon aura la gênait. Car oui, il y a des auras qui gênent les personnes de mauvais augures. J'ai compris que son problème était au-delà de l'aspect physique. Car personne ne comprenait pourquoi tant de haine à l'égard d'une personne qui ne lui a rien fait. Chaque fois qu'elle commençait avec ses provocations, je souriais juste. Chaque fois qu'elle me criait dessus, j'avais toujours mon léger sourire, et une seule question : "Que t'ai-je fait ?". Elle n'avait pas de réponse. Mais j'avais compris le problème de fond. Certaines personnes élevées spirituellement l'avaient aussi compris.

Mon entourage me demandait pourquoi je gardais toujours le silence face à ses attaques physiques et verbales. Je souriais et leur disais, toutes ces attaques sont en réalité un piège, mais elle a mal choisi l'adversaire. Plusieurs fois, les miens ont voulu me défendre, je leur disais non. En fait, j'avais demandé à Dieu ce que cette femme voulait de moi et il m'a fait de graves révélations sur elle. Ma présence était tout simplement un problème pour elle. Ce qui la mettait extrêmement en colère. Elle essayait de m'atteindre en vain et sans aucune raison.

Ce qui la poussait donc à chercher un moyen physique afin de créer la faille qui lui donnerait une raison pour finalement atteindre son but mystiquement. Bref, un motif de vengeance. Tel que, provoquer une bagarre où tu la gifle ; elle décide donc de venir te rendre cela mystiquement. Elle aura gain de cause car, tu l'aurais giflé. En fait, le plan étant de mettre sa cible en colère et de la pousser à bout afin de se faire offenser et de réagir en contre-attaque… Ainsi, l'ennemi pousse les gens au quotidien à ouvrir eux-mêmes la voie d'accès, signant ainsi eux-mêmes leur arrêt de mort. Sachant que le monde spirituel est aussi un monde de raison. Une personne avertie ne cède jamais aux mauvaises humeurs des gens. Car ne sachant leur intention réelle.

Chaque jour, je disais à cette femme, ne me pousse pas à bout... Un jour elle a vraiment poussé le bouchon loin. Ce jour je lui ai dit :"tu m'as poussé à bout". Je l'ai laissé sans répondre à ses attaques. Je suis allée à l'air libre parler à Dieu et à son armée. Tout en regardant la direction du Soleil, je leur ai confié le problème afin qu'ils puissent trancher. J'étais vraiment remontée, que je leur ai dit : "vous êtes des esprits, c'est-à-dire, omniprésent. Vous êtes juste et impartial, donc vous saurez mieux juger et trancher ce problème. Je peux mentir aux hommes, mais pas à vous. Vous connaissez la réalité et la vérité de cette histoire, je n'ai rien à vous raconter. Si c'est moi qui ai tort dans cette histoire, répondez-moi par j'ignore quel moyen. Mais vous même savez que j'ai gardé le silence face aux attaques de cette femme (en citant son nom.) Vivement que vous enlevez cette femme derrière moi par j'ignore quel moyen, et j'aimerai qu'elle sache, lorsque vous allez la frapper ou l'avertir, que c'est bel et bien pour moi Miroll que vous lui répondez...Vous connaissez mon cœur et jamais dans ma vie, je n'ai fait ni souhaité du mal à quelqu'un.
Ainsi tu m'as créé, mon Dieu, donc j'implore ta justice."

Je parlais avec colère et autorité.
Deux jours plus tard, la femme s'est réveillée en criant mon nom partout, me traitant de sorcière... En fait, elle disait avoir fait un rêve où je la menaçais de me laisser tranquille, avec une colère extrême. Elle s'est donc réveillée en sursaut en me qualifiant de sorcière. J'ai souri, et ce jour, j'ai compris le

pouvoir de la nature, le pouvoir du soleil, le pouvoir de Dieu. Elle a pris peur et a commencé à devenir gentille, mais ce n'était pas de la gentillesse, plutôt un changement de stratégie. Elle cherchait activement une chose : "mon nom complet". Elle se perdait à demander mon nom complet à tout le monde. Une fois de plus je riais. Car la vérité c'est qu'elle menait un combat toute seul, mais ayant mal et très mal choisi son adversaire. Mon arme étant ma capacité à garder mon sang froid et à retourner tout simplement ses souhaits et ses actions contre elle.

Un jour, elle appela tous ses enfants à me combattre. Erreur... Ce jour, pendant que ses enfants m'insultaient, je les regardais avec un air de compassion. À un moment, j'ai souri, ils ont déclaré que je me fichais d'eux... En fait, pendant que tous m'insultaient, j'avais des visions. Le Seigneur me faisait de graves révélations et c'était triste. J'ai eu une vision pouvant envoyer cette dame en prison et la séparer de ses enfants. Tout se présentait à moi avec des détails et des indices, alors que les faits remontaient à des années, on ne se connaissait pas. Je voyais la scène défiler devant moi, du début à la fin. J'ai regardé cette femme, j'ai souri, j'ai eu pitié des révélations détaillées que je pouvais leur balancer au visage avec des détails pouvant leur permettre de comprendre l'entière véracité de certains aspects obscurs de leur vie. Mais il y a cette voix qui m'a dit : "ces enfants ne te croiront pas". J'ai souri, je suis partie. J'ai pensé prendre cette femme seule à seule et lui dire qui elle est, afin de la mettre en garde. Mais j'ai gardé mon silence.

Bref, les gens s'attaquent parfois à vous pour des raisons autres que celles qui paraissent. Il y a de véritables buveurs de sang qui se sentent frustrés lorsque leur plan échoue. Ils vont vous induire en erreur pour pouvoir vous atteindre. Soyez inoffensif, acceptez d'être pris pour des lâches. Car c'est dans cette lâcheté que réside la grandeur, la sagesse, la paix, la longévité, la raison... Donner raison à l'ennemi, c'est lui ouvrir la porte.

Les gens vous provoquent souvent pour vous induire en erreur, afin d'agir en termes de défense. Ainsi, vous devenez l'envoyeur et ils déclenchent un retour, c'est-à-dire le karma. Vaut mieux être prudent quand on ignore à quel moment exact il faut se défendre afin d'avoir gain de cause. Sachez distinguer la provocation de l'attaque proprement dite. C'est pourquoi, pour faire court, on vous dira tout simplement de pardonner. Ou alors d'ignorer. Ils vous attaqueront, mais le Seigneur vous protègera. Le monde mystique est aussi un monde de raison, de vérité et de justice.

Par ailleurs, il est très important de développer la communication entre son esprit et son corps. L'esprit nous parle beaucoup, mais nous sommes endormis. Quand tu sais déjà communiquer avec ton esprit, tu réalises que tu peux communiquer avec les esprits des autres (personnes vivantes ou "mortes"). Tu sauras désormais, que le corps meurt, mais l'esprit non. La communication entre les esprits se fait exactement comme si l'on s'adressait à une personne physique. C'est pourquoi chacun de nous a le pouvoir de chasser les forces du mal.

Ces forces étant tout simplement des esprits mauvais, il est juste question de leur parler comme si on s'adressait à une personne physique, en particulier un voleur. Avec rage, tu le chasses correctement et bien en parlant fort et dur. Il s'en ira. Il peut résister, mais il s'en ira. Il pourra revenir. Mais quand il revient, tu le chasses de nouveau.

Par-dessus tout,

- Sois pur et vrai envers toi-même, envers les autres et envers la nature.
- Développe ta spiritualité et communique avec ton esprit Nos esprits nous parlent chaque jour, nous guident et nous protègent. Mais alors, il faut être concentré, savoir faire le discernement et surtout comprendre. Notre guide spirituel est en nous.

Ne jamais raisonner son esprit car ce que l'esprit voit et entend, la raison l'ignore complètement. Donc écoutez le juste et suivez-le, surtout si vous êtes habités d'un esprit saint. Il faut savoir couper les ponts avec les gens quand votre esprit vous le recommande. Suivre son intuition (son esprit) peut vous faire perdre une occasion sur le plan physique, suivre son intuition, peut également vous faire éviter le pire. Donc protégez votre vie. Mais pour suivre son intuition, il faut toujours être prêt à "perdre" des relations, des occasions, des opportunités... Qui peuvent sembler être parfaites à priori, mais pas forcément meilleures.

Pourquoi nos aïeux vivaient longtemps ? Tout simplement parce qu'ils étaient éveillés spirituellement. L'éveil spirituel peut assurer la longévité. Car c'est là que réside la sagesse.

III. ÉVEIL SPIRITUEL ET NON, CHALLENGE SPIRITUEL

La spiritualité n'est en réalité pas un combat, mais la connaissance de soi et de l'univers. De manière générale, nous avons l'habitude de :

- Guider notre esprit au lieu de laisser notre esprit nous guider.
- Oublier de faire travailler notre esprit, pourtant il est à notre service.

En fait, on ignore son utilité et sa mission.

C'est l'esprit et l'âme qui font l'objet de convoitise et non le corps qui n'est qu'apparence. Mais juste qu'il faille dans certains cas passer par le corps pour les atteindre. C'est pourquoi le corps subit trop de souffrance. Mais en fait, les cibles sont l'esprit et l'âme. Ne craignez plus les tentations, faites-y face et combattez-les. Ouvrez la bouche et parlez avec conviction. La personne que vous êtes au fond de vous-même, peut vous sauver ou non. Bref, soyez bon, innocent et éveillé, ainsi vous vaincrez le mal. L'un des signes qui montre qu'on acquiert une grandeur spirituelle, c'est quand on réalise qu'on est déjà doté de patience. Car la spiritualité s'expérimente sur le temps.

La spiritualité est la chose la plus vraie. Lorsque vous avez raison et que vous êtes une personne vraie, armez-vous juste de courage et affrontez la vie. Dieu nous parle, écoute nos prières et les exhausse. Il nous montre aussi beaucoup de choses à l'avance. Mais alors, où est le discernement ? Soyons des éveillés spirituels et non des simples croyants. Vivons nos expériences et racontons-les. Car bien que le temps passe et le monde change, la spiritualité reste la même malgré le manque de connaissance de certains.

Il faut rappeler que :

- La connaissance de soi permet d'identifier sa mission de vie ;
- La connaissance de sa mission, permet de réaliser son rêve ;
- La réalisation de son rêve garantie le succès ;
- Le succès permet d'être fier de soi ;
- La fierté de soi permet d'être heureux ;
- Le bonheur impose l'épanouissement ;
- L'épanouissement guérit et ralentit le vieillissement ;
- La santé accorde l'espérance de la longévité.

Puisqu'il est impossible d'être heureux tout seul, l'impact sera donc remarquable sur les proches et beaucoup d'autres personnes qui sauront en profiter.

Quand on parle de spiritualité, on parle du monde immatériel. La spiritualité étant un monde de pensée et de parole. Si le corps parle de tout ce qui est visible, saisissable, transmissible… L'esprit quant à lui, parle spiritualité : monde immatériel, invisible, insaisissable, inévaluable, indescriptible... mais transmissible. Car le pouvoir est transmissible, la connaissance aussi, mais l'expérience non. C'est pourquoi on peut naître avec tous les pouvoirs du monde, mais ce sont les épreuves qui permettent de s'élever spirituellement. Exactement comme dans le monde physique. L'on peut être robuste, musclé, grand… Mais c'est le cumul des victoires de plusieurs batailles qui approuve sa force.

Le développement spirituel vous permet de :

- Vous connaître ;
- Connaître le monde dans lequel vous vivez ainsi que ses lois ;
- Avoir plus confiance en vous ;
- Être plus serein et déterminé.

Afin de foncer de manière objective et optimiste vers le bonheur de votre vie, tout en sachant que le meilleur vient avec le temps. Et la patience est la plus grande vertu. Connaître qui tu es, amène à connaître tes talents, que tu peux ensuite commercialiser afin d'être à l'abri du besoin. Car, pour avoir de l'argent, il faut vendre un bien ou un service. D'ailleurs, la vie serait trop facile si seulement nos pensées étaient des ordres. Et Dieu seul sait quelles sont les pensées des uns et des autres. Si votre pensée est de réussir, sachez que celle d'une autre personne est de vous détruire. Même si la simple pensée était suffisante, la logique c'est qu'il y aurait eu choc entre ces deux différentes pensées de deux personnes envers la même personne. Donc au-delà de la pensée, il y a des actes que vous posez, la personne que vous êtes, vos pensées et vos actions envers vous-même et les autres. C'est pourquoi il est très important de vivre dans la vérité, car la vérité est divine et c'est la plus grande puissance et le plus grand pouvoir spirituel.

On peut mentir dans le monde physique, mais pas dans le monde spirituel. En fait, nous faisons partie des êtres visibles de l'univers et il y a aussi des êtres ou entités invisibles. Ce sont des esprits, des anges, Dieu, nos ancêtres... peu importe leur appellation, ils sont là ces êtres invisibles. Qu'on le croit ou non. Je me souviens de cet adage : "même les murs ont des oreilles". Vous est-il déjà arrivé de faire une confidence à huis clos et par la suite, le monde entier est au courant ? Vous vous demandez bien comment ? Ou avez-vous déjà eu à poser un acte étant seul, ensuite les gens sont au courant de ce que vous avez fait ? Vous vous demandez bien comment ont-ils su ?

C'est tout simplement parce qu'on vit dans un monde avec des esprits qui sont des êtres invisibles et ils sont omniprésents. C'est pourquoi les gens avertis ont un reflex de toujours sanctifier et purifier ce qu'ils touchent, ainsi que les endroits où ils se trouvent, avant de s'installer pour faire quoi que ce soit. Ces entités sont de véritables messagers pour l'Homme, mais extérieurs à lui, contrairement à l'esprit qui est en chacun de nous. Savoir communiquer avec son esprit est juste une prise de conscience du fait que ta pensée et tes paroles sont volontairement ou involontairement les missions que tu charges ton esprit de faire. Et c'est ce sur quoi il travaillera activement. Et le résultat sera fonction de plusieurs autres paramètres. On dira la foi, mais la foi à elle seule ne suffit pas. Sinon, chacun aurait exactement ce qu'il désire, quand il désire et comme il le désire. Par conséquent, il est très important de :

- Faire attention à ses pensées ;
- Rester concentré sur ce qu'on veut et non ce qu'on ne veut pas ;
- Pardonner afin de libérer son cœur ;
- Chercher au lieu d'attendre ;
- Communiquer avec soi en permanence ;
- S'armer de courage et bannir la peur ;
- Combattre au lieu de fuir, cela dit, ne jamais abandonner, mais alors, mener de bons combats ;
- Comprendre son fond intérieur au lieu de toujours le raisonner.

Ce que tu es, est en toi et c'est ça qui te rend heureux ou non. Chaque acte que l'on pose de bien ou de mal, on le fait à soi-même et pour soi-même. Raison pour laquelle il faut toujours réfléchir avant d'agir. Et poser des actes qui apaiseront votre conscience.

IV. PAROLES DE MOTIVATION ET D'ACCEPTATION DE SOI

Je m'appelle (votre Nom).
Je suis une personne digne d'amour, de respect et de confiance.
Je me pardonne pour tout et je pardonne ceux qui m'offensent par erreur.
Je peux accomplir n'importe quel objectif dans la justice et la paix, sans toutefois me trouver d'excuses.
Je suis l'unique responsable de ma vie.
Je suis l'unique maître de mon destin.
J'aime mon corps et j'aime en prendre soin.
Je suis un être libre depuis la création, donc mon avenir dépend de moi.
Je donnerai infiniment le meilleur de moi pour être la meilleure version de moi-même.
Je garderai mes principes et mes convictions qui sont de vivre dans la crainte de Dieu et d'agir selon sa volonté.
Et sur ce, mon Dieu, je demande ta protection et une santé parfaite. Car tant que ma santé me le permettra, et sous ta divine protection, j'accomplirai ma mission de vie. Merci père.

CHAPITRE XIII : PÉCHÉ ET MALÉDICTION

Le péché est l'ensemble des actes offensifs que l'on pose, et la malédiction est l'ensemble des retombées ou répercussions qu'ont ces actes sur nous et sur notre progéniture. En effet, le plus gros péché, c'est de blesser une âme, c'est-à-dire offenser une personne, lui causer du tort en vain, car ses paroles pourront prendre effet sur votre vie, non seulement proportionnellement à l'acte que vous avez posé, mais aussi proportionnellement à la douleur que cette personne a ressentie, au préjudice que cela lui a causé, et à l'ampleur de la rage avec laquelle cette personne vous a maudit. Car maudire, c'est souhaiter le malheur à une personne, maudire, c'est prononcer des paroles négatives. Et les paroles négatives attirent les ondes négatives et ce qui va avec. Donc, il faut faire très attention à cela.

Étant donné que la spiritualité est un monde de paroles et de justice, il serait très important de poser des actes de sorte que si une personne dit des paroles méchantes visant à vous détruire, que vos paroles à vous soient des bombes les plus puissantes. Pour qu'une parole soit une véritable bombe, il faut en premier avoir raison, ensuite, être une personne vraie et pure. Car chaque péché est un ensemble de portes qu'on ouvre au malheur dans notre vie. Pas une porte, mais un ensemble de portes. Bien faire la différence. Avez-vous déjà vu une personne que, pour un acte posé, toute sa famille en paye le prix ? Autrement dit, en péchant, on attire vers soi des ondes négatives. Faire du bien en revanche, c'est les réfuter tout en attirant des ondes positives.

Et comme le signe négatif est moins (-) et le signe positif plus (+), sachant que lorsque le négatif est plus grand que le positif, le résultat est négatif, tandis que lorsque le positif est supérieur au négatif, le résultat est positif. Telle une balance de nos actes. Donc, il faut toujours agir en tenant compte des retombées car les actes que nous posons ont un impact direct sur notre existence. Comment aimerais-tu donc impacter ta propre vie ? Toujours réfléchir avant d'agir, surtout penser aux conséquences avant de poser les actes. Le pouvoir qui permet de faire du mal, est au moins le tiers de la puissance du retour de ce mal. Cela s'appelle le triple retour à l'envoyeur.

Étant donné que le péché du point de vue spirituel peut aussi être l'ensemble des actes mauvais qu'ont commis nos parents et nos ascendants, ce sont ces actes et ces paroles mauvaises qui se transforment en malédictions, contrairement aux bénédictions dues aux bons actes posés par nos ascendants. Sachant que l'Homme est de nature pécheur et rancunier, pendant des moments de mécontentement, des paroles mauvaises sont prononcées ou murmurées à l'intérieur de soi. Il est tout à fait évident qu'au cours de notre vie, nous ayons à briser de toute urgence les péchés commis par nos ascendants afin d'avoir une vie paisible. Étant donné que la malédiction frappe jusqu'à quatre générations, ce sont ces actes qui donnent accès aux ondes négatives dans nos vies.

La gravité de la souffrance de chacun dépend du caractère de leurs ascendants.

- Étaient-ils des personnes problématiques ou non ?
- Rancunières ou non ?
- Méchantes ou bonnes ?
- Ont-ils eu à s'approprier injustement des biens d'autrui ou non ?

Ce n'est pas pour rien qu'il est écrit dans la Bible : « donnez à César ce qui appartient à César et à Dieu ce qui appartient à Dieu » ! Chez les Bamiléké il est dit : « Remettez la chose d'autrui à la personne » et si la personne ne vit plus, remettez à ses enfants. C'est pourquoi il est très malheureux de voir des gens prendre injustement les biens d'autrui. La malédiction de cela non seulement appauvrit avec le temps, mais va aussi jusqu'à la perte de vies humaines et s'applique sur des générations.

Le pire, c'est que plusieurs ne sont pas conscients de la source de leur malheur. Sachez par exemple que c'est sur le plan juridique que le bien d'une personne appartient à ses enfants, sur le plan spirituel, le bien d'une personne appartient à sa descendance. Alors, enfants, petits-enfants, arrière-petits-enfants... Jusqu'à au moins quatre générations. Car autant nous pouvons être frappés par les malédictions de nos ascendants, autant nous devons jouir de leurs biens et du fruit de leur dur labeur. Surtout qu'on ne connaît très souvent pas les mots que ce parent ou ascendant prononçait lorsqu'il amassait sa fortune. Sachez que beaucoup de parents savent bien qu'après leur mort certains de leurs enfants étoufferont d'autres pour monopoliser leurs biens au détriment de ces derniers.

Aussi dur qu'ils travaillent, ils parlent sur leur bien. Des paroles comme : « Je me bats comme ça pour le bonheur de ma progéniture, afin qu'ils puissent aisément subvenir à leurs besoins. Je me retournerai dans ma tombe si l'un ou plusieurs de mes enfants mangent sans penser aux autres. Ils seront maudits parce que mon seul et unique souhait est qu'ils soient unanimes… ».

L'une des plus grandes garanties de l'échec dans cette vie est de croire que la chose de quelqu'un d'autre nous appartient. Beaucoup d'usurpateurs se croient à un moment donné propriétaires. Et comme le pouvoir revient au temps, un matin, ils se retrouvent dépossédés, même par la force de la nature. Une bénédiction familiale devrait profiter à tout le monde sans exception. En effet, lorsque vous décidez de bénéficier tout seul des bénédictions familiales, vous serez également le plus grand bénéficiaire ou même le seul bénéficiaire des malédictions familiales ou ancestrales, surtout si les autres membres de la famille savent communiquer avec la nature, avec

Dieu, avec vos ancêtres. Vous devez savoir appeler vos ancêtres à l'aide, ceci en regardant la direction du soleil, tout en prononçant leurs noms, votre nom, le nom de la personne ou des personnes vous ayant offensé, afin de vous plaindre, de leur soumettre vos problèmes comme si vous parliez à une personne physique. Tout en leur demandant de les résoudre… puis ouvrez grand les yeux et observez ce qui va se passer.

Beaucoup de personnes dans ce monde subissent des malédictions sans le savoir, ce qui entraine des blocages dans leur vie. Et pourtant tout peut s'arranger, il suffit juste de prendre conscience du fait que les choses vont mal, d'identifier le problème afin de le résoudre. Sache également que le seul et unique miroir de ta vie c'est toi-même. Nous rencontrons au quotidien des personnes ayant des problèmes de santé par exemple, mais non diagnostiqués par la médecine, lesquels perdurent, pourtant il est juste question d'un voile ou d'une malédiction à bannir. Retenez ceci : bien que vous soyez nombreux dans une famille, vous pouvez être la personne sur qui s'accroche une malédiction : le sacrifié. Donc soyez sages. Car il n'y a que vous qui savez ce que vous subissez au fond de vous.

Il faut beaucoup éviter d'avancer les mots méchants. Savoir que vos problèmes ne sont pas seulement dus aux faits de la société, mais aussi à vos souches.

HISTOIRE

Pendant mon éveil spirituel, une femme m'appelle et me dit,

- Miroll, fais ma voyance.
- Je lui dis, je ne sais pas le faire, car c'est spontané chez moi.

Je peux, en discutant avec toi, avoir des révélations ou tout simplement te porter à cœur et recevoir tes messages en rêve.

- Elle me dit, d'ailleurs, je ne crois pas à ces choses-là. J'ai juste vu à travers tes post, que tu es une choisie et je suis juste curieuse de savoir comment cela se passe.
- Je lui dis, c'est toute une vie que tu me demandes là de te raconter, je le ferai dans un livre que j'intitulerai : « **MON EVEIL SPIRITUEL** ». Mais saches que c'est une vie très misérable, pleine d'attaques, de tentations et de révélations.

Elle me posa donc quelques questions et je lui répondis. Juste au moment où elle devait raccrocher, j'eu une révélation pour elle.

- Je lui ai dit, je viens d'avoir une révélation pour toi.
- Elle me dit ; laquelle ?
- Je lui dis, tu veux enfanter, mais tu as de la peine à concevoir.

Elle s'écria en disant : « c'est justement ça mon problème actuel. Mon copain et moi sommes fatigués de chercher à faire un enfant ».

Sachant au fond de moi quelle serait la réponse, je lui demande ce que disent les médecins.

- Elle me dit, mon copain et moi sommes bien portants.
- Je lui dis donc, tu vois qu'il y a un problème, mais pas d'ordre médical. Sache que nous sommes parfois victimes des problèmes d'ordre spirituel, ce que prennent en compte nos traditions.
- Elle me dit, ma famille et moi sommes chrétiens, personne chez nous ne fait les coutumes, d'ailleurs, on n'y croit même pas.

Triste, je lui demande :

- Est-ce que ta maman vit ?
- Elle me dit oui, mais elle est chrétienne.
- Je lui demande, combien de personnes dans ta famille cherchent l'enfant en vain ?
- Elle me répond : « moi seule », mais je suis chrétienne, j'attends le temps de Dieu.
- Je lui ai dit, sais-tu qu'en tant que chrétienne, tu es dans le péché ? Ainsi tu demandes à Dieu de te bénir dans le péché.
- Elle me dit comment ?

- Je lui ai dit : tu es en couple sans être mariée, c'est la fornication, du point de vue chrétien.

En fait, il n'est pas question de dire qu'on est chrétien et de recevoir les grâces qui vont avec, mais il est question de l'être afin d'être comblée. Par ailleurs, si la religion s'oppose à nos coutumes et traditions, nos coutumes et traditions quant à elles ne s'opposent pas à la religion. Si certains ont une mauvaise expérience avec la tradition, d'autres en ont aussi avec la religion. Et je doute fort qu'on devrait les comparer. Ainsi s'acheva notre conversation et quelques jours plus tard, pendant que j'étais calme dans mon bain, j'eus la révélation exacte de ce qu'elle avait à faire pour finalement concevoir. Mais hélas, j'ai demandé à Dieu de montrer cela à quelqu'un d'autre qui la lui dira ou de la lui montrer directement. Car c'est dommage que certains trouvent souvent ridicules, les gens qui parlent de spiritualité : c'est la modernisation !

CHAPITRE XIV : LE KARMA

Le karma est une des lois principales et inchangées de la nature. On ne récolte que ce que l'on sème sciemment ou inconsciemment. Communique avec Dieu, communique avec la nature, communique avec ton esprit, communique avec tes ancêtres, mais pose des actes qui te favoriseront l'accès aux privilèges spirituels. C'est-à-dire fais à quelqu'un ce que tu aimerais qu'on te fasse. Afin de ne pas avoir un sentiment de karma lorsque tu vis les méchancetés de ce monde. Car à mon humble avis, je doute fort que le pardon existe, mais le karma oui, ça existe. Cependant, on peut alléger son karma, voire l'effacer s'il tarde à frapper, tout simplement :

- En décidant de devenir meilleur ;
- En jetant tout son mauvais côté et ne plus se plonger dans le péché ;
- En adoptant de très bonnes habitudes.

C'est vrai qu'il est toujours préférable de :

- Contrôler les actes que l'on pose ;
- Réfléchir avant d'agir.

Car une personne à qui vous faites du mal, peut vous souhaiter le malheur.

C'est peine perdue que de faire du mal à autrui et de demander pardon à Dieu au mépris du concerné. Cela laisserait croire que la personne à qui l'on a fait du mal est un complément d'effectif de la nature et vous, la partie essentielle. Est-ce également une façon d'estimer que la nature est partiale ? Sachant qu'au sens spirituel et naturel, l'Homme est égal à l'Homme. Si tu fais du mal à quelqu'un il te maudit, tu vas payer ! C'est le karma, une des plus grandes lois de l'univers. La loi de la nature, la loi de Dieu. D'où le pouvoir de la parole, surtout des paroles prononcées avec raison. Faites attention lorsqu'une personne dans ses paroles est en train de réclamer la justice divine. C'est-à-dire demander à Dieu en pensée et en paroles de la venger.

Dieu jugera et verra ton cas. Et si tu es conscient, tu constateras que ton esprit souffre. Car il serait en train de se passer un jugement divin et une sentence avec condamnation directe. Le triple retour à l'envoyeur. Ce que tu as fait de mal te sera retourné trois fois et sans retour possible. À ce niveau-là, même ton esprit ne pourra pas te couvrir, car le monde spirituel est un monde de justice et de vérité. Mais le seul et unique problème est l'ignorance des uns et la méchanceté des autres. Vivre en posant des actes glorieux, c'est protéger son esprit et son âme, c'est leur donner les armes nécessaires pour nous défendre : la raison.

En revanche, lorsqu'une personne vous maudit injustement et sans raison, cela n'a d'effet que si vous laissez votre esprit subir. C'est pourquoi il faut toujours :

- Prier en permanence, sachant que prier, c'est émettre et transmettre ses vœux à l'univers.
- Prononcer les paroles nécessaires, puissantes et directes avec conviction et rage.
- Prononcer des paroles de destruction de toutes malédictions…

Sachant que :

- Ton corps et ton esprit doivent travailler ensemble ;
- Ta pensée étant le plus gros moniteur, tu dois la contrôler ;
- Il y a des choix de vie pour lesquels il faut absolument écouter son esprit ;
- Tu es maître de ton destin, donc bonifie-le ;
- Rassure-toi que tu ne mérites pas le mal qui t'arrive et arme-toi de courage ;
- Juste ta parole peut tout renverser ;
- Il est préférable qu'il t'arrive une situation par le coup du destin, au lieu qu'il t'arrive une situation pour cause de karma ;
- Il est plus serein de faire face à son destin que de faire face au karma ;
- Pleurer à cause de la souffrance due au karma ou plus simplement à cause de la souffrance du destin sont deux manières de pleurer différentes. L'une est regrettable et l'autre est combattable ;

- Agis toujours en tenant compte du futur de ta conscience ;
- Choisis toujours tes combats dans la vie.

CHAPITRE XV : LE CHOIX

Nous sommes parfois victimes de nos choix de vie et de nos choix dans la vie. Dieu a créé l'Homme libre. Même si la société tant à l'orienter et à s'imposer à lui, l'homme reste individuellement le seul et unique responsable de ses choix. Nous connaissons tous ces phrases : « ça n'engage que toi ». Et aussi, « le trouble est collectif, mais l'échec est individuel ». Dans la vie, il se présente toujours à nous des choix, qu'ils soient bons ou mauvais. Et pour chaque choix, il y a toujours d'autres choix. Même si pour certains choix, généralement les mauvais, il n'y a que d'autres mauvais choix qui s'imposent, mais on a toujours à un moment donné de notre vie, le choix. La seule chose qui s'impose à nous dans notre vie ce sont nos parents et nos familles biologiques.

De la naissance à l'âge du discernement, nous pouvons dire que nos choix et notre orientation dépendaient de nos parents et de nos encadreurs. Mais à partir de l'âge de la raison, nos choix dépendent entièrement de nous. Malgré l'influence de la société et du gouvernement, la plupart de nos choix dépendent de nous et nous devons les assumer. Car nous sommes les seuls maîtres de notre vie. L'on a tendance à toujours justifier nos choix, à toujours justifier la raison pour laquelle on fait telle ou telle chose, tout en oubliant une chose : « Un choix reste un choix », peu importe sa raison, peu importe les motivations, c'est notre choix. Ne pas choisir également, c'est un choix. Car on choisit de ne pas choisir. La vie nous donne toujours des opportunités de choix, et :

- Chaque choix a toujours un prix ;
- Chaque choix a des avantages et des inconvénients ;
- Chaque choix a ses réalités ;
- Chacun de nos choix n'engage que nous, même si ces choix ont été motivés par une tierce personne ;
- Que notre choix soit bon ou mauvais, qu'il nous convienne ou pas, à partir du moment où on opte pour ce choix, nous devenons tout simplement responsables et devons l'assumer qu'on le veuille ou non, n'en déplaise à qui que ce soit.

C'est aussi une règle de la nature : "assumer ses engagements". Chaque choix est en réalité une semence, qui produit des fruits à court, à moyen et parfois à long terme. Si la semence est bonne, la récolte sera automatiquement bonne. Si la semence est mauvaise, on récoltera de mauvais fruits. Notre jugement est parfois loin d'être le jugement réel de la nature de notre choix et de la récolte qui en découle. Mais de toute façon, il n'y a que deux hypothèses, soit c'est bien, soit c'est mauvais. Jamais le juste milieu. C'est pourquoi il faut toujours réfléchir avant d'agir, et surtout avoir l'esprit de discernement.

Car peu importe les motivations et les raisons de ton choix, les conséquences restent proportionnelles au choix. Beaucoup de personnes posent des actes de sorte qu'on dirait qu'ils ont l'art d'oublier que nous ne récoltons que ce que nous semons, ceci seul face à son destin. Il est très important de rappeler aux hommes et aux femmes de ce monde que chacun de nous est un architecte de sa vie et de ce monde. Notre choix est libre de construire ou de détruire, mais chaque choix a des conséquences directes et équivalentes.

Parfois, ce qui nous plaît n'est pas toujours ce qui est bien pour nous et pour notre élévation. Il faut savoir choisir ce qui est bien pour toi au lieu de choisir ce qui te plaît. Et pour ce faire, il faut évaluer ses choix avec tout, sauf les yeux et le regard des autres qui, en réalité désorientent souvent nos choix. Paraître ce n'est pas mauvais, mais être, c'est meilleur. Si ton paraître est ton être, tu te sentiras véritablement bien dans ta peau et tu seras heureux grâce à tes choix. Mais si ton paraître n'est pas ton être, l'aigreur fera surface tôt ou tard. Le regret ne s'installe en une personne qu'après avoir réalisé que l'on a fait un mauvais choix. En revanche, la joie de vivre reste débordante quand nos choix de vie sont satisfaisants. La jalousie s'installe quand notre choix de vie semble tourner à la perdition, tandis que d'autres semblent épanouis dans leur choix de vie.

Beaucoup de personnes aiment bien utiliser ces phrases : « je n'ai pas de choix » ; « je n'avais pas de choix »… même si par sympathie on se dit « ok », une personne avertie sait que dans plusieurs contextes de la vie, on a toujours le choix.

I. ORGANISE TA VIE DE MANIÈRE À TOUJOURS AVOIR LE CHOIX

Parfois l'on se met dans un engrenage qui réduit les chances d'avoir d'éventuels choix à un moment donné, et on se retrouve tout simplement à payer le prix de leur mauvais choix fait en amont. Certes, la société tend à orienter ou désorienter nos choix, mais il est très important de toujours placer sa barre à un niveau où on peut la contrôler assis ou debout. Puisqu'à partir du moment où nous excédons notre zone de contrôle, nous pénétrons ainsi un territoire qui n'est plus le nôtre, et par conséquent sous le contrôle des personnes autres que nous, et nous devons tout simplement subir leurs humeurs et leurs vices, de manière à payer le prix de notre choix.

L'introspection est le seul et unique moyen qui nous permet de faire notre propre connaissance et celle de l'univers.
Il suffit :

- D'imaginer le monde à la création sans tout ce qui a été créé et fabriqué par l'Homme, pour certes embellir et rendre plus confortable notre existence.
- D'aller au-delà de toute apparence pour comprendre l'essence même de notre existence.

Et vous vous rendrez compte que ce dont vous avez réellement besoin pour vivre est contraire à ce dont vous avez besoin pour plaire. L'un étant primaire, vital et essentiel, l'autre secondaire, confortable et aléatoire, mais qui est sujet de prières et de doléances à Dieu nuit et jour. Pour parvenir au constat ou à la conclusion générale qu'est : « je prie depuis, mais Dieu n'a jamais exaucé ma prière, on dirait qu'il ne m'écoute pas... regarde ma vie par rapport à celle des autres... ». Il faut rappeler que c'est la convoitise qui est parfois le problème de fond. Le sachant, ma question a toujours été : « qu'est-ce que tu as demandé à Dieu ? ». Demandez à Dieu ce qu'il possède et respectez le fait que certains éléments sont des propriétés privées, soumises à l'autorité des humains qui, ont pour régir les rapports entre les humains, fixé des règles et des règlements qui n'ont rien à voir avec le créateur, même s'il y déverse sa bénédiction.

Certes, rien n'est impossible à Dieu, mais il faut aussi être logique et cohérent.

II. PETITE HISTOIRE

Je me souviens ainsi de l'histoire de ma cousine qui était entrée à fond dans une église dite de réveil, se déclarant elle-même être esclave pour Christ. Elle préparait son BTS cette année-là. Voulant donc expérimenter sa foi, dit-elle, elle a passé toute l'année scolaire à ne lire et relire que la Bible, à ne servir que l'Église et le pasteur au point d'élire domicile à l'Église comme servante à temps plein et sans aucune rémunération. Tout au contraire, il fallait qu'elle demande de l'argent partout et à tout le monde pour l'offrir comme quête et dîme. Je me souviens d'un jour où je suis allée lui rendre visite dans cette Église où elle dormait à même le sol. Je lui ai donné un peu d'argent et elle s'est écriée : « Enfin j'ai ma dime ! ». Vu l'état dans lequel elle se présentait, j'ai juste été attristée et je suis rentrée. Tellement elle était dans le besoin.

Après avoir passé une année blanche, vint le jour de l'examen. Elle était consciente qu'elle n'avait ni été à l'école pendant l'année, ni apprise ses leçons. Mais alors ; ne dit-on pas que la foi peut déplacer les montagnes ? Elle a donc passé l'année à booster sa foi au point d'en être rassurée qu'elle est déjà prête à déplacer les montagnes. Donc, selon elle, le BTS était chose acquise d'avance, par sa foi. Mlle composa donc et commença à rassurer quiconque, qu'elle doit réussir. Car « Heureux celui qui croit sans avoir vu… ». Donc elle y croyait fermement, même si les résultats restaient encore inconnus. Quelques semaines plus tard, les résultats sont sortis. Sans même les consulter, elle n'hésita pas à appeler tout le monde y compris ses parents, pour leur faire part de sa réussite, car selon elle « il faut garder la foi », sachant que « Dieu est un Dieu de miracle » et surtout « avoir la positive attitude », peu importe la situation. Surprise, puisque beaucoup de « THOMAS » n'attendaient que ce résultat miraculeux pour eux aussi consacrer leur vie à Jésus, afin de voir de tels miracles s'accomplir dans leur vie, sa mère et d'autres personnes se précipitèrent donc à aller voir les résultats de leurs propres yeux, afin de confirmer si son nom y figure effectivement.

Hélas, la liste des admis ne portait son nom nulle part. Tour à tour, ils l'appelaient pour lui demander à quel niveau de la liste se trouvait son nom. Elle répondait avec assurance et réassurance : « Regardez bien, mon nom y est inscrit. J'ai réussi, je vous l'affirme ». Transpiration et autres, personne ne parvenait à retrouver son nom sur ladite liste. Convaincue que son nom n'y figurait pas, la famille décida de l'affronter face à face, pensant que sa foi tournait déjà à la folie. Mais non, elle insista au point de déclarer qu'une autre liste est encore au ministère de l'Enseignement Supérieur et que c'est sur cette liste-là que figurerait son nom. L'administration aurait selon elle, juste oublié d'afficher cette dernière liste. Donc, il faudrait patienter ou faire immédiatement une requête. Passés quelques jours d'attente sans aucune nouvelle, on a tous compris que son nom était écrit en blanc sur du format blanc, mais celui des admis en noir sur blanc. Ce qui justifiait le fait que nul ne pouvait apercevoir son nom, sauf le bon Dieu et elle. Ainsi expérimenta-t-elle la grandeur de sa foi.

Cette histoire met tout simplement en exergue le fait que, certaines personnes optent pour un ou des choix de vie, s'y investissent à fond, mais espèrent avec foi et conviction des résultats n'ayant rien à voir avec ce sur quoi ils se sont investis. Comment peut-on passer l'année à lire la Bible et espérer obtenir un BTS en finance comptabilité ?! C'est se moquer de ceux qui ont sacrifié tout leur temps à étudier et à effectuer des recherches sur les sujets précis, cadrant avec leur objectif final ? Pour obtenir une chose, mets-toi dans les conditions qui cadrent avec ton objectif final et prépare-toi. Certes, Dieu est un Dieu de miracles, mais il faut savoir à quel niveau de la vie implorer son miracle car Dieu est aussi un Dieu de logique. Beaucoup de gens aiment bien retenir et n'appliquer que ce qui les arrange. La facilité n'a jamais été le chemin du divin. Il est bien écrit, « l'homme mangera à la sueur de son front ». Puis, « donner à César ce qui appartient à César et à Dieu ce qui appartient à Dieu ». Il est donc inadmissible d'opter pour un choix de vie et vivre la vie d'un choix inverse. Tout résultat dans la vie suit un principe qu'est l'investissement, et une logique qu'est l'action. Autrement dit, ce dans quoi tu t'investis soit en nature, soit en industrie, soit en numéraire, ou la combinaison des trois, tout en pilotant de près ou de loin ces actions, te permettra au bout du compte d'obtenir un résultat qu'il soit positif, négatif ou nul. Mais toujours est-il qu'en règle générale, l'espoir d'un quelconque résultat part de « la loi du donner et du recevoir ».

Parfois je dis, beaucoup de personnes sont comme ces enfants qui voient quelqu'un avec quelque chose et demandent à leurs parents de prendre pour leur en donner. Et certains parents, au lieu d'apprendre à leurs enfants qu'on ne peut pas obtenir tout ce qu'on voit dans la vie, vont parfois jusqu'à demander à la personne connue ou inconnue, s'il peut donner à l'enfant ce qu'il possède. Ou juste dire où il l'a eu, afin que l'enfant puisse l'avoir aussi. Ça s'appelle la convoitise. C'est ainsi que plusieurs parmi ceux qui se disent enfants de Dieu, pensent qu'il suffit juste de pratiquer le : « demandez, et l'on vous donnera ». Es-tu sûr que le Seigneur a prévu cela pour toi ?

CHAPITRE XVI : MALADIES PSYCHIQUES OU MALADIES DE L'ESPRIT

Quand l'esprit et le corps sont unis et en parfaite santé, on ne peut que se sentir bien. Car exactement comme le corps peut être malade, l'esprit aussi peut l'être. Tel qu'on soigne les maux ou maladies corporelles, on soigne aussi les maux ou maladies de l'esprit. Le plus important étant le diagnostic. Les maladies de l'esprit ou maux spirituels, entrainent automatiquement un malaise physique, mais un malaise physique n'entraine pas automatiquement celui de l'esprit. On apprend à soigner les maladies physiques, mais on naît avec en soi le don ou les prédispositions à soigner les maux spirituels. L'Homme étant esprit et corps.

En effet, le diagnostic consiste à comprendre au-delà des expressions et parfois même sans que la personne ne dise de quoi elle souffre. Ça s'appelle la voyance ou la vision... Dieu a tout prévu pour l'Homme, mais le cerveau réfléchit trop. On veut tout comprendre, tout analyser et tout calculer, ce qui est bien. Hélas, certaines choses dépassent l'entendement.

Beaucoup disent habituellement que le stress et la dépression n'existent que pour certains, tandis que la sorcellerie n'existe que pour d'autres. Sachant que des mots différents indiquent souvent la même chose, nous sommes tous sans ignorer que des termes ou synonymes de sens péjoratifs, sont toujours orientés et adoptés vers des lieux géographiquement précis et des personnes socialement précises. Pareil pour les termes mélioratifs qui sont quant à eux adoptés à l'inverse. Pourtant en réalité, tous ne sont que des synonymes.

Sinon, stress, dépression, ensorcellement, sont des maux ou des maladies de l'esprit, provoqués par des manipulations de l'esprit et de l'âme, selon plusieurs facteurs et évènements qui permettent à l'énergie négative de prendre contrôle ou possession d'une personne à partir de son mental ou fond intérieur, afin d'avoir des répercussions physiques. Sachant que le fond intérieur est constitué de l'esprit et de l'âme, qui parle d'esprit parle de spiritualité. Donc en conclusion, ce sont des maux spirituels, qui peuvent certes se soigner spirituellement, mais aussi physiquement.

En effet, on qualifie de sorcellerie tout acte visant à activer des énergies et des ondes négatives. Le stress, la dépression et autres maladies mentales, sont également les formes de manifestations de l'énergie négative. Donc ces maux sont réels peu importe les personnes et les lieux. Ça existe et c'est très connu. Mais les appellations changent. La façon d'y faire recours aussi est « différente », mais avec en commun le consentement de la personne et l'acceptation du processus de guérison. Car ton âme et ton esprit doivent accepter la guérison. Rappelons que c'est chacun qui donne l'accord volontairement ou involontairement à ces maux destructeurs d'avoir accès à son âme, son esprit et par conséquent à son corps. Car chacun de nous est maître de sa vie et de tout ce qu'il incarne.

En effet, l'homme étant corps, esprit et âme, c'est-à-dire trois en un, avec deux parties invisibles et une partie visible, existe en chair et en os sur l'aspect visible, puis en esprit et âme sur l'aspect invisible. Il faut savoir que la vie de l'homme ne commence pas le jour de sa naissance et ne se termine pas le jour de sa mort. Car pour qu'un corps vive, il suffit juste que les deux parties invisibles l'incarnent. Et pour être déclaré mort, il suffit que ces deux locataires là le quittent tout simplement. Composé donc de ces trois parties qui sont bien vivantes, chacune d'elles a des rôles bien précis au cours de notre existence. Contribuant ainsi à nous rendre l'existence simple et agréable.

Combien de personnes prennent donc en considération l'existence de leur esprit et âme ? Le monde physique veut nous imposer une vie 100 % physique, en ramenant même les maladies de l'esprit aux solutions uniquement physiques. L'ignorance nous focalise sur notre partie physique qu'est le corps et ses besoins, puis sans se limiter à ce corps, le complexe s'ajoute à notre ignorance et nous impose de nous focaliser sur tout ce qui est physique, y compris l'ensemble des « richesses » de ce monde. Tout en oubliant qu'au-delà des efforts physiques et personnels, ce qui donne raison à notre capacité à pouvoir s'approprier de tout ce qu'on désire est l'existence. Autrement dit, si tu n'existes pas, tu n'as rien : pas de vie, pas de richesse. Pourtant, même sans richesse il y a la vie.

Savez-vous que votre état d'âme et votre état d'esprit affectent immédiatement votre corps ? Donc, votre santé physique dépend aussi et immédiatement de votre santé mentale, de votre santé spirituelle. Car le côté invisible est englobé dans la spiritualité. La spiritualité est donc l'essence même de la vie, car tout commence par là. Certains déterminent la sorcellerie comme étant des maux commandités dans l'invisible et destinés à provoquer les ondes ou l'énergie négative, visant à détruire l'Homme. Ainsi, ils résolvent cela par la délivrance. Tandis que d'autres réussissent à ramener sur le plan physique les maux ayant pris naissance dans l'invisible, à les expliquer avec des termes différents et spécifiques selon leur domaine de formation, afin d'y intervenir différemment.

La dépression qui est scientifiquement prouvée comme maladie mentale ailleurs, est aussi traditionnellement prouvée comme maladie causée par un trouble de l'esprit ailleurs et se soigne très efficacement. Car si certains sont spécialisés dans le traitement de cette maladie, d'autres quant à eux détruisent la cause de cette maladie. Ce qui est en réalité complémentaire. Le monde invisible est un monde beaucoup plus rude que le monde physique. La manipulation des esprits et des âmes est grave, d'où le terme « la vraie Sorcellerie », pour qualifier tout trafic d'âme et d'esprit.

Il est très important de rappeler que pour dompter et dominer une personne, il faut entrer dans son cerveau afin de savoir comment il pense, gagner sa confiance pour enfin avoir accès à son esprit et à son âme. C'est pourquoi il est conseillé de :

- Parler très peu de soi si on veut non seulement réussir, mais surtout vivre longtemps.
- Parler très peu de tout ce à quoi on tient réellement si on veut aller très loin avec. Cela peut être votre mariage, vos projets…

Car oui, donner trop d'informations sur soi c'est permettre aux autres de vous cerner, de mieux vous connaître afin d'avoir accès à votre âme, votre esprit, votre vie ; c'est s'exposer tout en se rendant vulnérable. Posez-vous souvent la question de savoir : pourquoi le créateur a caché et bien enfoui en chacun de nous sa destinée ? C'est tout simplement parce que, si l'avenir de plusieurs était visible, ils n'atteindraient même pas le quart de leur mission de vie. Pourquoi donc ouvrir sa propre bouche pour raconter ses choses et ses plans personnels ?

Le stress, la dépression…sont des malaises qui tourmentent notre cerveau et par conséquent notre esprit. Le stress étant parfois de courte durée, parlons de la dépression et de la sorcellerie. Je me retiens en fait d'utiliser des expressions médicales, scientifiques, philosophiques… car je suis axée sur la spiritualité et non la science même comme la science, la physique, la philosophie…tirent toutes leur essence de la connaissance, cette connaissance qui est tout simplement la spiritualité. La dépression est une maladie de l'âme et de l'esprit, qui affecte ou peu affecter le physique d'une personne, mais pas toujours en laissant paraître le degré de souffrance intérieure et mentale du sujet.

La dépression est toujours provoquée par une situation précise, un ras-le-bol ou l'accumulation d'un ensemble de situations ou d'évènements. Généralement ce sont des situations irréparables comme

- Le décès d'un proche ;
- L'humiliation ;
- Le manque d'amour ;
- Le mépris ;
- Des mauvais choix ;
- La frustration ;
- Les engagements ;
- Le rejet ;
- La pression familiale et sociale ;
- La solitude ;
- Le manque de confiance en soi ;
- Un changement brusque de situation dans la vie…

En gros, des situations troublantes et inconfortables, prenant en compte la capacité de chacun à pouvoir surmonter ou faiblir face à des situations dépendamment ou indépendamment de sa volonté. Quand on fait une dépression, on se sent perdu, on a l'impression que notre corps est séparé de notre esprit, on a l'impression d'être délaissé, incompris, car oui, très peu de personnes sont si attentionnées pour réaliser la souffrance de l'autre, malgré son sourire ou son caractère fort et imposant. Encore que nous souffrions tous mutuellement en silence.

C'est vrai qu'une des méthodes efficaces pour ramener une personne en état de dépression, c'est réussir à entrer dans son cerveau, son esprit et son âme, ceci en lui permettant de se confier au maximum, afin de réussir à cibler où se situe le problème réel afin de l'amener à s'en défaire au fil du temps. Le malade lui-même, doit au préalable réaliser qu'il est malade et accepter de guérir. Ainsi, on va lui faire une manipulation du cerveau, donc lui permettre de régler son cerveau vers ce qu'il y a de mieux pour lui, sachant que le cerveau renvoie automatiquement tout ce qu'il capte à l'esprit. Car pour réussir à atteindre sa cible, il faut quelque part son consentement. Ceci même à travers une simple pensée négative.

Le traitement de cette maladie mentale, selon certains, et spirituelle selon d'autres, peut aussi se faire par des initiés et exorcistes qui ont des visions et peuvent non seulement démanteler la cause exacte à travers leurs visions, mais aussi dialoguer directement avec les esprits et détruire le problème à la base.

Spiritualité et vie, un jour on comprendra la place des coutumes et des traditions, qui ne sont rien d'autres que des pratiques anciennes et très efficaces. Car le monde étant vieux, les gens qui ont vécu avant nous avaient ces maux et comment les résolvaient-il ? Sachant que plusieurs techniques actuelles n'existaient pas encore. Comment faisaient-ils pour vivre plus longtemps ?

Dans la tradition africaine, le stress et la dépression se soignent très facilement, très rapidement et très efficacement, de sorte qu'ils ne sont même pas considérés comme problèmes majeurs ou maladies graves. C'est pourquoi beaucoup affirment jusqu'à présent que : « La dépression et le stress n'existent pas en Afrique ».

Mais au fil du temps, les gens enregistrent des cas de dépression en Afrique parce que plusieurs africains ont choisi d'abandonner leurs cultures et traditions pour embrasser une vie apparemment moderne, avec tous les maux et l'ignorance qui vont avec.

La logique africaine est que, si ton esprit est malade, si ton esprit souffre, c'est qu'il est tourmenté. Mais par quoi ? Parfois par d'autres esprits ou juste par ton destin et ta mission de vie qui s'imposent à toi, malgré tes choix. Et il faut y faire immédiatement recours tel qu'appris des anciens, telle que l'indique la vieille et ancienne tradition d'où est ressortissant le sujet. Mais aussi, le dialogue peut ramener dans certains cas. Une personne, par exemple, qui a des envies de suicide et de meurtre, est une personne habitée par un esprit mauvais et on peut chasser cela du corps de la personne et de toute sa famille, afin qu'il n'y revienne plus jamais.

En Afrique, on qualifie cela de sorcellerie. La sorcellerie qui n'est rien d'autre qu'une qualification des actes mauvais, commandités par des esprits et des personnes mauvaises. Car plusieurs problèmes de santé mentale ont des origines spirituelles, maléfiques, voire ancestrales pour ne pas dire héréditaires. Mais ce que nos esprits subissent nuit et jour pendant nos moments de conscience ou d'inconscience, Dieu seul le sait. En nous centrant donc sur le plan mystique qualifié de sorcellerie et pour être plus clair, nous allons vous décrire pourquoi certains lient la dépression à la sorcellerie c'est-à-dire commanditée par des tiers, peu importe leur motivation. Dans la tradition africaine, le stress et la dépression ne sont pas identifiés de la sorte, mais plutôt de sorcellerie. Pourtant les symptômes sont identiques, voire similaires.

En effet, certains êtres humains ont la connaissance des secrets cachés de ce monde et l'utilisent tant à bon qu'à mauvais escient. De ces secrets, il y en a qui ont développé l'art d'écraser des vies pour atteindre leur gloire ou juste par jalousie. Ainsi, se passe donc un vaste réseau de trafics d'âmes, d'étoiles, d'aura, d'énergie et de vie, contre le pouvoir ou l'argent. Il y a même des transferts de maladie et de sortilège. Si Jésus avait retiré les esprits mauvais d'un homme pour les jeter sur les porcs, sachez que d'autres retirent d'un humain pour les jeter sur un autre humain.

D'autres transfèrent leurs maux et leurs malédictions. Étant donné que ces gens sont des humains comme vous et moi, ils développent également des stratégies pour dissuader et maintenir les autres dans l'ignorance et la vulnérabilité, afin d'avoir continuellement des proies ignorantes et prêtes à pardonner au cas où la victime se rendrait compte. Ainsi ça leur évite une révolte et le retour de leurs actes maléfiques. Donc, enseigner le pardon est très important et bénéfique pour ces agents du mal. Car dans la loi de la magie noire, le retour est trois fois plus violent et sans aucune barrière.

Par ailleurs, ils développent également des stratégies de protection contre toute forme de karma et des stratégies visant à parfaire leur crime. Lorsque vous êtes torturés mystiquement, vous voyez des esprits, vous voyez tout seul, les gens qui sont en train de vous massacrer et pendant cela, vous criez, vous pleurez, on vous taxe de fou, de malade mental et qualifie votre souffrance de dépression. Oui vous êtes dépressif parce que :

- Votre esprit est emprisonné, torturé, utilisé, séquestré, condamné, manipulé…
- Vous êtes vidé de votre énergie ;

- Votre étoile vous a été volée, par conséquent rien ne marche pour vous ;
- Vous êtes l'ombre de vous-même ;
- Tout ce qu'il y a de négatif dans ce monde est ce qui vous arrive ;
- Par-dessus tout, vous êtes incompris et pris pour fou/folle, tout ce qu'il y a à faire c'est vous endormir avec des médicaments. Car vous pouvez aussi être agressifs à cause de la frustration qui finit par prendre le dessus.

Parfois, celui ou celle qui est l'auteur de cela fait partie de ces gens dont le point de vue compte pour votre suivi. Il est donc le premier à dire : c'est la folie, c'est la dépression, il/elle ne sait pas de quoi il/elle parle… Bref il se doit de dissuader toute éventuelle piste pouvant conquérir à percer le nœud et exposer le réel problème. Il y en a même qui sont bien portants physiquement, pourtant vendus depuis longtemps.

En fait, votre malaise ne commence pas le jour où votre sort est scellé. Généralement, il faut une succession d'évènements devant justifier physiquement votre entrée dans la dépression, pour qu'ensuite ce qui avait été programmé mystiquement trouve ainsi la voie d'accès afin de s'implanter et de détruire complètement votre vie.

Il y a des gens qui utilisent l'étoile d'un ou tous leurs enfants pour bâtir leur fortune. Cela étant même mieux car après sa mort, ces derniers héritent. Même s'ils ne se rendent pas compte qu'ils n'avancent pas, ils sont au moins à l'abri du besoin. D'autres utilisent l'étoile de toute personne avec qui ils entretiennent des rapports sexuels. Avec ces prédateurs d'étoiles, on n'est à l'abri que si on se lève sur sa vie.

Il y a des familles complètement détruites à cause des mains obscures. Sans compter les ménages où l'homme meurt, la femme ne devient que l'ombre d'elle, parce que du vivant de l'homme, il la comblait au point qu'elle ne se rendait pas compte que rien ne marchait pour elle. Certains hommes trafiquent l'étoile de leur partenaire, ce qui a de graves répercussions si ce dernier décède avant. Elle plonge dans une dépression profonde, on croit qu'elle était juste trop amoureuse, et donc très éprouvée ; pourtant c'est l'ensemble de ces ondes négatives qui agissent sur elle, peu importe la fortune laissée par ce dernier. Ces personnes sont souvent très réfléchies et ont tout prévu pour dissuader les gens. Plusieurs ont un langage commun : « je ne crois pas à ces choses-là ». Oui, les seules personnes qui savent et peuvent convaincre que la sorcellerie n'existe pas, ce sont les sorciers eux-mêmes et leurs victimes qui sont encore sous leur emprise. Il faut rappeler que l'ensorcellement et l'envoûtement ont pour point commun : le fait de dompter et de manipuler l'esprit d'une personne. Les deux étant motivés par la jalousie, la prétention, l'égoïsme…

Les gens ne sont pas souvent débiles en évoquant certaines hypothèses dans des cas qui, de manière générale, sont connus et ont des symptômes qui permettent de reconnaître le mal qui prévaut. De plus, Dieu a créé ce monde, et connaît tous les vices de ce monde ; c'est pourquoi il a donné des dons aux gens qui, malheureusement, l'exploitent parfois négativement, mais heureusement, d'autres l'exploitent positivement. Tel est le don de voyance qui permet à ces choisis, de voir des maux d'origine spirituelle et mystique, afin d'y remédier et de guérir grâce aussi à leur don de guérison. Car oui, le divin montre le mal et son traitement. Ou juste la destruction à la source. Il est donc question de débloquer tout blocage et de faire un retour à l'envoyeur conformément à la loi du karma.

Il faut beaucoup observer sa vie et celle de ses proches, afin de pouvoir identifier des changements de comportement des autres et de leur venir en aide. La victime est généralement troublée et ne se rend pas compte très vite de son changement, du fait qu'elle soit sous l'emprise des forces du mal. Donc, ne jugez jamais les gens. Parfois ils souffrent dans leur chair et ont besoin d'aide. Si l'on avait l'esprit d'entraide, on se sauverait mutuellement de plusieurs pièges de la vie. C'est pourquoi le plus grand enseignement des prophètes et tous les autres envoyés de Dieu, c'est l'amour.

CHAPITRE XVII : LE MONDE DES HUMAINS

Parfois on veut connaître le monde sans jamais chercher à connaître qui l'on est réellement.

1. Fais connaissance avec toi même avant de prendre connaissance du monde.
2. Fais du bien au point d'être considérée comme ignorante.
3. Écoute les gens, sans les juger, ni prendre position.
4. Comprends les problèmes des gens sans jamais croire que ce sont les tiens.
5. Apprécie tout le monde, mais aime celui qui t'aime, car la plus grande souffrance est d'aimer une personne qui se fout de toi.
6. Surpasser les jugements c'est grandir, c'est gagner en maturité. Surtout si ces jugements tendent à vous détruire.

Même s'il faudra toujours garder à l'esprit que :

- Dans le monde des humains il faut :
  - Faire très attention à soi ;
  - Faire attention à ses engagements ;
  - Faire très attention à sa vie.

- Dans le monde des humains, nul ne détient le monopole du savoir, bien que chacun ait le savoir en lui, tout simplement parce que nous sommes différents, et avons des expériences différentes.
- Dans le monde des humains, nous devons, en plus de nous comprendre nous-mêmes, comprendre les autres, car nous vivons dans un monde où il y a des gens, nous vivons dans un monde avec des gens.
- Dans le monde des humains, nous devons accepter les autres, la concurrence, la différence, car nous vivons dans un monde constitué de diversité et de diversification.
- Dans le monde des humains, nous devons respecter la différence, l'accepter, car le monde est un ensemble de tout, vraiment tout ce qu'on peut imaginer et même l'inimaginable.
- Dans le monde des humains, nous pouvons certes imaginer notre monde, sans toutefois oublier le monde réel dans lequel on vit.
- Dans le monde des humains, nous devons briser nos complexes, laisser d'haïr pour se construire.

1. Il faut accepter le rejet, car de toute façon, être rejeté ne dépend pas de vous, mais des autres.
2. L'humanité n'est pas centrée sur toi et tu n'es pas le centre de l'humanité et chaque humain a :
   - Une vie personnelle ;

- Une vie familiale ;
- Une vie commune/sociale ;
- Une vie spirituelle/religieuse ;
- Une vie professionnelle.

3. Toujours se souvenir que « nul n'est prophète chez soi ». D'ailleurs,
   - Si tu es aimé par tout le monde, poses toi des questions ;
   - Si tu es détesté par tout le monde, poses toi des questions.
4. Sois cette personne qui est toujours combattue, mais jamais abattue.
5. Ne laisse pas les gens manipuler tes humeurs et ne manipule pas celles des autres.
6. Sois cette personne qui vit dans le respect, la vérité, l'honnêteté et la paix.
7. Sois un instrument de paix.
8. Sache que le pardon c'est juste pour apaiser la conscience. Sinon, on paye toujours pour nos actes.
9. Avant de faire l'enfant avec une personne, il faut aller au-delà de sa valeur physique et financière, sonder sa valeur spirituelle.
10. Les gens pensent généralement qu'une personne très souriante et gentille est une personne facile à tromper, à duper. Ils n'ont juste pas pris la peine de discerner le

sourire de la naïveté encore moins de la sagesse : le sage sourit parfois quand il est pris pour un con. Il observe juste les agitations et sait manipuler la situation en silence.

11. Si quelqu'un veut marcher dans ton cerveau, cours dans le sien.
12. Développe la sagesse en toi.
13. Écoute les histoires et la réalité des autres, car leurs expériences de la vie pourront t'aider à sortir des situations à des instants inattendus.
14. Si quelqu'un te veut du mal la nuit, il le voudra en journée, s'il te veut du mal en journée, il le voudra la nuit et s'il te veut du mal aujourd'hui, il te voudra du mal pour toujours. C'est le temps qui change et non ses intentions. Il prendra plusieurs facettes (ennemi, ami...), mais le but restera inchangé. Car l'ennemi ne change jamais son intention à ton égard, mais il change de stratégie à ton égard.

    - S'il te loupe mystiquement, il vient physiquement. S'il te loupe physiquement, il vient mystiquement.
    - S'il te loupe en journée, il vient la nuit. S'il te loupe la nuit, il vient en journée.

15. Dieu seul connait la masse de personnes qui siègent au quotidien contre toi.
16. Il faut accepter le rejet. D'ailleurs,

    - Les personnes complexées te rappelleront sans cesse tes défauts.

- Les leaders te rappelleront tes qualités, même si tu ne les vois pas, ils vont te permettre de les booster.

17. Ne jamais avoir peur, surtout la peur de perdre quoi que ce soit dans ce monde. Car de toute façon, on laissera tout ça un jour. En revanche, préserve ton âme et sa liberté.
18. C'est l'homme qui développe en lui le bien et/ou le mal
    - Quand la connaissance est ancrée en des personnes bonnes, le monde connaît des changements positifs.
    - Quand la connaissance est ancrée en des personnes mauvaises, le monde fait face au désastre.

Et comme le monde est constitué de ces deux types de personnes, c'est pourquoi le bien est développé d'un côté, et le mal d'un autre côté.

19. Ce que les autres pensent de toi ne détermine pas qui tu es. Même si l'entourage influence, ton être dépend de toi : imagine-toi ; bâtis-toi ; sois-toi.
20. Ta vie t'appartient, c'est pourquoi c'est ta vie ! Ta propre vie! C'est ton cadeau divin.
21. Faire attention à ce qu'on veut toujours apprendre des autres. Tu peux avoir des enseignements pour le développement personnel, mais après te développer personnellement, donc par toi-même.
22. Ne jamais rien prendre à 100 %, même si ce qui est dit est 100 % vrai, car derrière une vérité exposée, peut se cacher une grande manipulation.

Car la plus grande technique de manipulation est de présenter ce qui est totalement vrai, vérifiable et très compréhensible, afin de mettre en confiance le sujet et l'orienter dans le sens exact de l'objectif final.

23. Tout pouvoir est en toi, même le pouvoir de chasser les démons. Il suffit de leur parler exactement comme si tu t'adressais à une personne physique ; à un voleur. Ils s'en iront. Et même s'ils insistent et reviennent plus tard, tu persistes et répètes la même action.
24. Tu as aussi le pouvoir d'attirer vers toi tout ce que tu désires.
25. Si quelqu'un t'embrasse avec le poignard en main, n'y tiens pas compte. Car ce qui est censé te préoccuper, c'est ce que tu as dans ton cœur, c'est ta sincérité. En fait, quand l'heure de la paie arrive, chacun ne perçoit que le salaire qu'il mérite.
26. N'essayez jamais d'entrer dans le cœur d'une personne pour vérifier la véracité et mesurer la sincérité de son amour, vous risquerez de vous tromper. Soyez heureux pour ce que vous donnez plus que ce que vous recevez. Bref, soyez heureux pour ce qui est en vous.
27. Je peux vivre avec une personne que j'aime et qui ne m'aime pas. Cependant, je ne peux pas vivre avec une personne que je n'aime pas, même si la personne m'aime. Car la vérité, c'est ce qu'on ressent en nous, et l'illusion c'est ce qu'on pense savoir de l'autre. Autrement dit, on peut bien se tromper de ce qu'on pense être le degré du

ressenti de l'autre. Donc, que je t'aime ou pas. Je le sais, j'en suis certaine. Mais, que tu m'aimes ou non, je l'ignore en réalité. Que tu me le dises ou non.

28. J'ai finalement compris d'où est venue l'idée à l'esprit du mal de mettre l'argent à disposition des assoiffés d'argent, en échange de leur vie et celle de leurs proches. En fait, l'unique problème de l'Homme c'est le problème d'argent. Et puisqu'il faut le résoudre, sachant que Dieu a dit : « Homme mangera à la sueur de son front », pour les gens qui prennent cela comme la punition, les agents du mal créent donc sans cesse des « raccourcis », qu'ils actualisent au fur et à mesure que la technologie avance.
29. Personne ne détient la notice de ta vie : ton guide spirituel est en toi.
30. Chercher l'argent c'est bien, mais avoir la vie c'est meilleur. Car c'est cette vie qui nous permet de chercher l'argent et autres...

Sans la vie, on n'existe pas. Il y a une pression mondiale et compétition internationale qui est axée sur la collecte d'un maximum possible de richesse et de visibilité sociale. Mais dans cette course, on oublie parfois l'essentiel. Bonifier et protéger son âme.

31. Quand tu réalises que tu as eu à fuir la pluie pour te jeter immédiatement dans le triangle des Bermudes, et que tu te sois en sortie malgré la grande torpeur, tu te demandes si nager dans l'océan te ferait encore peur.

32. Ce sont les gens qui sont les maîtres de leur propre destin, et avec leurs pensées, leurs actions et leurs actes, ils peuvent tout changer pour le mieux à tout moment.
33. Quand on est « convaincu de ses convictions », on se contente de les véhiculer avec arguments et assurance.
34. C'est le manque de preuves tangibles qui pousse à convaincre par la méthode du dénigrement et du sabotage.
35. Il faut respecter les croyances et le point de vue des gens.
36. La divergence des idées et de compréhension est la preuve que nos vies et nos expériences sont tout, sauf les mêmes.
37. Certains pensent toujours que l'argent rend service. Mais moi, je donnerai tout pour que mon seul et unique service soit de partager l'argent.

C'est-à-dire donner l'argent aux gens sans avoir besoin d'écouter leurs problèmes, sans leur apporter mon soutien physique et psychologique afin de conserver mon énergie au maximum. Car cette énergie n'a pas de prix. Beaucoup ont réussi à croire que l'argent s'acquiert par compassion, non, c'est par mérite. Je pense juste qu'on n'a pas compris ce qu'est l'argent, son utilité et sa nécessité.

38. La connaissance de soi est en nous. Personne ne peut savoir ou te dire qui tu es. On peut parler de l'être humain dans sa globalité, mais pas de toi dans le fond.
39. C'est la peur, l'ignorance et le doute qui nous font accepter ou croire que quelqu'un peut ou nous connaît mieux que nous.

40. Être toujours lucide permet d'être soi et d'avoir le contrôle de soi et de « la situation ».
41. L'amour peut être illusion, mais l'entente est réelle.
42. L'esprit du mal pour s'installer divise, sème le doute, la discorde, le mépris, la jalousie. À vous d'identifier désormais qui le possède.
43. Ne cède jamais à la manipulation de la force du mal.
44. Garde en toi la puissance et le pouvoir de l'esprit du bien, de pureté, de bon sens, de discernement.
45. Parfois, une personne s'en prend à toi physiquement, parce qu'elle n'arrive pas à t'atteindre mystiquement. Elle bagarre avec ton esprit chaque jour et tu ne le sais même pas. Au lieu de respecter ton pouvoir, elle cherche plutôt à te frustrer et continuer sa bataille en journée.

C'est pourquoi je dis souvent aux gens, n'entrez jamais dans « le jeu » des autres. Si tu ne sais pas pourquoi quelqu'un s'en prend à toi, évites le tout simplement. Ne lui donne aucune raison de réussir à ses plans maléfiques. Sachant que la spiritualité marche avec la vérité, l'innocence et la raison, ne donne jamais une raison à l'ennemi de t'atteindre, de te vaincre. Il faut savoir verrouiller tes arrières.

46. L'éducation est capitale dans la vie d'une personne.
47. Fuir les problèmes c'est tout, sauf être lâche.
48. Si tu provoques une personne qui fuit sans cesse les problèmes, va toi-même lui demander pardon. Car tu peux

attaquer quelqu'un physiquement, il te répond spirituellement.

49. Admets que tu sois toi, car chacun est unique en son genre et nous sommes tous complémentaires.
50. Un enseignant n'est pas celui qui connaît le plus ou l'unique à connaître, mais celui qui a choisi d'enseigner ; connaître et faire connaître.
51. La main naturelle a une lame mystique, qui détruit spirituellement tout ce qui peut être occulte : il faut savoir s'en servir.
52. Travaille sur ta spiritualité afin d'avoir le discernement.
53. On va beau t'enseigner la vérité, mais tu n'auras la conviction, la connaissance et la foi qu'à la suite d'un développement personnel, basé sur l'éveil de ta conscience et de tes épreuves dans la vie.
54. Il faut comprendre au-delà de ce qui se présente.
55. Sois la meilleure version de toi.
56. Beaucoup de personnes complexées te rappelleront sans cesse tes défauts, mais les leaders te rappelleront que tu as des qualités, même si tu ne les vois pas, ils vont te les booster.
57. La vérité est divine et c'est la plus grande puissance et le pouvoir spirituel.
58. La richesse matérielle est bien, mais la richesse spirituelle est meilleure. Développer sa spiritualité peut te rendre riche, cependant, l'argent et tout autre bien matériel ne

pourront jamais acheter le développement spirituel qu'est la connaissance.

59. Celui qui a la connaissance, celui qui a compris, sait aussi que l'homme mangera à la sueur de son front.

- Il sait que : où il y a facilité, il y a danger.
- Il sait que tout s'obtient avec le temps et au bout de l'effort.
- Il sait que la patience est une vertu.

60. Celui qui est spirituellement riche sait que la richesse est à l'intérieur de soi. Et c'est cette richesse qui permet d'acquérir dignement et pour toujours tout ce qui est bien matériel. « Pour toujours », parce qu'il y a une différence entre une possession bien travaillée et méritée, puis une possession par coup de « chance ».

L'un peut rester, voire, grandir avec le temps et l'autre disparaître avec le temps.

61. Quand tu arrives au niveau de ta vie où tu as déjà tout essayé, mais rien n'a marché pour toi, c'est à ce moment exactement que tu peux te permettre de dire : « je suis prêt ». Malheureusement c'est parfois à ce moment qu'on ne sait plus quoi faire, même le cerveau plante. C'est pourtant où il faut faire preuve de persévérance, pour avoir longuement enduré.

62. Où tu nais et grandis, ne détermine pas toujours qui tu seras : il faut savoir se réinventer.

63. Arrête d'être en demande. Car tu perds naturellement ton pouvoir et ta puissance quand tu es en demande. Une personne en demande devient automatiquement subalterne. Ce n'est pas de l'orgueil, c'est un principe de la vie. Créez des deals gagnant-gagnant et non demandeur receveur. Créez des services moyennant une rémunération.

63. En revanche, on prend le dessus et la grandeur en donnant. Le pouvoir et la grandeur d'un être humain n'est pas dans l'argent ou le matériel, mais dans son être.

64. Le désespoir, la peur, la paresse et l'échec imposent l'attente infinie d'un éventuel miracle : l'illusion apaise.

65. À un moment il faut arrêter de penser sa vie et commencer à vivre sa vie. Surtout, vivre sa vie en pensant à sa vie. La combinaison des deux permet de ne jamais regretter sa vie.

66. La connaissance est divine, mais il faut savoir la commercialiser, afin de vivre de son don. Oui, il faut savoir se vendre.

67. Cherche au fond de toi la personne que tu es :

• Cherche à connaître l'univers et ses lois

• Connecte-toi avec l'univers

• Active en toi tout ce qui te permettra d'avoir un contact direct avec le père créateur. Car l'activateur est en toi. Attention à ce qu'on veut toujours apprendre des autres. Ton guide spirituel est en toi. Tu peux avoir des enseignements pour le développement personnel, mais par la suite, te développer personnellement. Donc par toi-même. Sois juste prêt à rester serein et courageux, face aux grandes et graves révélations que tu recevras.

68. Dis non à la paresse spirituelle, non à l'ignorance et ouvre-toi à la connaissance divine.

I. LE MONDE PHYSIQUE ET LE MONDE SPIRITUEL

Au-delà du monde physique, il y a un monde spirituel. Nous sommes pour la plupart concentrés à asseoir et stabiliser notre situation de vie physique et tout ce qui va avec, tout en négligeant notre vie spirituelle, qui est celle qui nous tourmente le plus, nous rend le plus instable émotionnellement, celle qui commande en réalité notre existence, puisque l'homme est esprit et corps.

- L'Homme doit chercher au fond de lui la personne qu'il est réellement.
- L'Homme doit comprendre la nature.
- L'Homme doit comprendre la vie, afin de déterminer ce qui est susceptible de le rendre heureux.

Sache que, si tu n'as pas conscience de ton existence, si tu ignores ta mission de vie, tu ne sauras quelle direction prendre, puis tu te laisseras manipuler et influencer. On ne vit pas pour vivre, mais on vit pour accomplir sa mission de vie. Car la vie est une continuité. On a tellement dit aux gens que "la vie c'est la chance" (avec tous les synonymes qui vont avec ;

bénédiction...). De sorte que ceux qui n'y croient pas, lorsqu'ils se donnent corps et âme pour leur réussite s'exposent au mauvais œil, à la mauvaise langue, la haine, jalousie... de ceux qui attendent leur "tour de chance".

En effet, ils prient et jeûnent en attendant les bénédictions (chance) depuis des années. Toi qui ne pries pas du tout, toi qui travailles comme un vendu, au point où tu ne connais même pas le "jour du Seigneur", tu travailles juste... et c'est toi que "Dieu béni" ? C'est incompréhensible !

Non... "Mieux on gâte !"
C'est où tu entends, ma sœur prie ton tour arrive : « Si Dieu nourrit les petits oiseaux du ciel, à plus forte raison nous les Hommes » ; « Dieu n'oublie pas ses enfants ». Nous sommes quand-même les élus de Dieu le père. J'ai entendu aussi : « je suis la poupée de Jésus », il me bénira… Le succès est-il un jeu de hasard ? Ou un dérivé de la foi ? Si tu bâtis ta vie sur le hasard, oui par hasard tu peux avoir ce que tu veux. Car le hasard peut aussi être glorieux. D'où le facteur chance. Et là, ça devient très restreint, car tout le monde ne peut gagner à un pari. Cependant, tout travailleur gagne de l'argent. Ne me demande pas combien ? Mais tu peux décider de gagner plus. « La vraie magie c'est le travail ».

L'être humain est un corps, l'être humain est une âme. La nature ayant tout mis à la portée de l'homme, lui a aussi permis d'être libre. Aussi bien qu'un corps peut souffrir, une âme peut souffrir. Aussi bien qu'un corps peut être malade, une âme peut être malade. Aussi bien qu'il y a des médecins pour soigner des maladies et maux physiques, il y en a aussi pour soigner des maladies et maux de l'âme. Cependant, on est médecin du corps physique par formation, alors qu'on est médecin de l'âme par vocation. Accepter de soigner les âmes, c'est accepter d'être "fou", c'est accepter d'être incompris, c'est accepter de mener de solides combats spirituels. Car, le mal le plus redoutable s'attaque aux âmes.

La blessure du corps est physique, celle de l'âme ne l'est pas, pourtant elle détruit et tue à petit feu. Les suicides et plusieurs meurtres sont causés par des maladies, blessures et souffrance de l'âme. Il est très important, de diagnostiquer ou faire diagnostiquer notre vrai mal-être, afin de se laisser suivre et soigner. Beaucoup de personnes souffrent de maladies de l'âme. Et plusieurs maladies de l'âme entraînent des maladies et malaises physiques. Faisons soigner nos âmes. Et vivons en paix.

Si tu ignores d'où tu viens, tu ne sauras où tu vas. Un peuple perdu est un peuple qui a renié sa culture. " Je ne crois pas à ces choses-là". "Je ne fais pas ces choses-là". Quand ça doit frapper, ça ne regarde pas si tu crois à ça ou non.

Même par formalité, il est très important de faire ce que la culture nous recommande. Car la culture ne connaît ni la formalité, ni la foi. Encore mieux, il est parfois important de

comprendre ce que c'est que la culture, avant de décider d'être acculturé.
Si le monde physique change avec le temps, le monde spirituel reste inchangé malgré le temps.

- La vie nous choisit, ce n'est pas nous qui choisissons la vie ;
- La vie nous guide, ce n'est pas nous qui guidons la vie ;

La vie nous enseigne, ce n'est pas nous qui enseignons à la vie.

Les choses les plus simples sont d'accepter la vie, l'écouter et la suivre. Mais attention, car la vie ce n'est pas le monde. Tu dois construire ton monde, tu dois construire le monde. La vie est en nous, mais le monde est à l'extérieur de nous.

- Si ta vie est ton destin, suis ton destin ;
- Si ta vie est ta mission, accomplis ta mission ;
- Si ta vie c'est toi, sois-toi.

Le monde a plusieurs sens, plusieurs orientations, mais ta vie a un sens, une orientation. Le problème c'est que tu ne connais ni le sens, ni l'orientation de ta vie. Car nous sommes nés sans aucune notice singulièrement destinée à orienter notre vie.
Mais en nous, parle un guide par :

- Des voix internes ;
- Des sensations particulièrement fortes ;
- Des désirs profonds ;
- Des sentiments poussés, inexplicables et forts...

Ce qui nous distrait et nous empêche d'écouter et d'accomplir, c'est la société. Le dessin de la société, les yeux du monde et de la "norme". On se fait appeler "ignorant", quand on va dans le sens contraire de la masse. Mais est ignorant, celui qui pense que l'autre l'est. Chacun a un plus à apporter dans ce monde. On n'est pas seulement né pour recevoir, mais aussi pour donner. Souvenez-vous que pour obtenir le doctorat, il faut apporter une solution spécifique que personne n'a jamais eu à trouver. C'est valable à tous les niveaux de la vie. C'est dire que chacun de nous a en lui quelque chose que personne n'a.

Il faut juste faire travailler son cerveau, afin :

- D'offrir au monde ce que vous avez de spécial.
- De chercher en vous ce qui vous distinguera à jamais.
- D'enseigner ce que vous avez d'unique.
  - Ne vous limitez pas à être de simples reporters ;
  - Ne vous limitez pas à lire et raconter car tout le monde peut lire ce qui est écrit ;
  - Ne vous limitez pas à raconter la vie des gens que vous n'avez même pas vécus.

Comment peut-on être témoin et témoigner même avec conviction, des choses juste écrites et racontées ?

- Il faut raconter et témoigner ton expérience de vie. Car chacun de nous a une expérience unique.

La vie nous amène dans un monde en éternel chantier. Donc, nous devons y apporter notre expertise. Et non raconter et expliquer éternellement l'expertise et le vécu des autres.

II. NOTRE CHEMIN EST IL NOTRE DESTINÉE?

T'est-il déjà arrivé de faire la différence entre tes objectifs ou projets, par rapport à ta destinée ? Qu'en découle-t-il ? Parfois nous souffrons juste parce que la vie nous montre un chemin par notre intuition, mais nous lui imposons un autre chemin à cause de la raison et de la société. Souvent on est partagé entre faire ce que la vie nous impose et ce que nous imposons à la vie. Il est clair que la recherche du "succès" et de l'argent nous occupe tellement qu'on oublie généralement ou parfois, de chercher en nous, qui nous sommes réellement. Il est important de rappeler que c'est l'homme qui donne de la valeur à l'argent, à l'or, au diamant, tout autre objet et non l'inverse.

Autrement dit, ce n'est pas l'argent et autres qui donnent de la valeur à l'être humain comme laisse croire la société. Pourquoi se tuer et s'entretuer pour obtenir ce qui n'est et ne sera qu'un touché ? Pour "avoir" ce qui ne nous appartient en réalité pas ? Certes, il faut avoir de grands rêves ou projets, de grandes réalisations… sans toutefois marcher sur des vies pour y parvenir. Il faut toujours évoluer dans la dignité et la patience. Pour moi, le droit de propriété n'est que fictif. La réalité c'est que nous ne sommes propriétaires de rien sur cette terre, mais rien que des usurpateurs. Ce qui créé l'inégalité sur cette terre c'est L'Homme lui-même. Nous sommes en vie parce qu'on a une mission, et nous pouvons cependant ménager notre temps, afin de faire ce que la vie veut pour nous et ce que nous voulons pour la vie.

PARTIE 2

RÉINVENTE-TOI

GÉNÉRALITÉ

La vie est constituée infiniment de multiples chemins et chaque chemin a des multiples intercessions, chaque intercession à de multiples chemins…ainsi de suite jusqu'à l'infini. La vie est éternelle, mais c'est l'Homme qui meurt et ses œuvres restent. En fait, il faut passer par une prise de conscience de son existence et du chemin qu'on est en train d'emprunter, voire une délivrance au besoin. Afin de se réinventer.

1. Où suis-je ?
2. Où vais-je ?
3. Dans quoi est-ce que je me retrouve ?
4. Que se passe-t-il dans ma vie ?
5. Suis-je sur le bon chemin ?
6. Suis-je sur le chemin de ma destinée ?
7. Avec qui je chemine ? Pourquoi ?
8. Sont-ils indispensables à mon épanouissement ?
9. Suis-je indispensable à leur épanouissement ?
10. Quel impact ai-je sur le monde, sur moi-même et ceux qui m'entourent ? Et inversement ? Suis-je heureux ?

La réalité c'est qu'avant nous, il y a eu des Hommes, actuellement, nous vivons avec des Hommes et après nous il y aura des Hommes. Nous formons donc une chaîne de bâtisseurs : les bâtisseurs de ce monde. Ceux qui nous ont précédés ont construit de manière échelonnée ce monde jusqu'à ce que nous le trouvions à ce niveau exact où il en est. Notre devoir est d'y apporter notre expertise, afin de le mettre à un niveau supérieur pour des futures générations qui feront à leur tour pareil. Le monde est un vaste chantier en éternelle construction et nous sommes tous des architectes de ce monde. Chacun à son niveau apporte ce qu'il a de mieux en lui. Cela dit, nous avons tous une mission dans ce monde et pour ce monde.

Les questions à se poser sont :

- Sommes-nous en train d'exercer notre mission de vie ?
- Sommes-nous sur le chemin de notre destinée ?
- Quel rapport feront nous au terme de notre mission ?
- Quel héritage laisserons-nous aux futures générations ?
- Quelle signature laisserons-nous comme marque de notre passage sur terre ?

L'Homme est une créature parmi tant d'autres, mais l'Homme est la seule créature capable de transformer le monde, d'orienter la vie, de la ramener à un niveau autre que ce qu'elle est : l'Homme est le cerveau du monde. L'Homme est la créature ayant la capacité de créer et d'inventer, car il a une intelligence illimitée, des pouvoirs inimaginables…l'homme est juste un "demi-Dieu". Le problème c'est que très peu ont conscience de leur être et de leur pouvoir. Ceux qui ont pris conscience de leur être et des pouvoirs enfouis en eux, ont réussi à orienter le cerveau de beaucoup de ces humains qui tardent à s'affirmer et à prendre action dans leur vie. Ceci en les poussant à se sous-estimer, en leur faisant perdre la confiance en eux, en leur faisant croire qu'ils sont :

- Moins importants que d'autres ;
- Moins humains que d'autres ;
- Moins valables que d'autres ;
- Moins intelligents que d'autres ;
- De simples suiveurs et non des leaders comme d'autres.

Dommage que beaucoup et vraiment beaucoup ont laissé cela s'ancrer dans leur cerveau et leur esprit au point d'en devenir même héréditaire. Ce blocage mental est inconsciemment transmis à leurs générations et aux personnes qui les entourent, créant ainsi une classe sociale pauvre et fière de l'être. Comme le disent certains : « je suis fière de ma pauvreté » ou alors : « je suis pauvre et fier de l'être ». Quelle désolation ! On dirait que le principe de la loi de l'attraction n'est pas connu de tous. Cependant, d'autres nourrissent leurs générations de discours visant à :

- Développer leur être, leur permettant ainsi d'avoir suffisamment confiance en eux-mêmes.
- Viser le sommet et l'excellence.
- Dominer ceux qui ont accepté qu'il y'a des gens au-dessus d'eux, ceux qui vivent dans l'attente d'un éventuel sauveur et d'un éventuel miracle, ignorant que le plus grand miracle

est déjà leur présence dans ce monde, avec en eux la capacité de se transformer et de transformer le monde.
En fait, tout réside dans la compréhension du monde et de soi. Tout n'est qu'un problème de connaissance. La connaissance de soi et la connaissance du monde dans lequel nous vivons, c'est-à-dire l'univers et ses lois : la spiritualité.

Un Homme ignorant de son existence, est un esclave. Mais le monde ne peut pas fabriquer que des maîtres ; il faut des serviteurs, il faut des esclaves. Donc, pour maintenir une personne esclave, il faut la détourner de la connaissance de soi et du monde dans lequel elle vit, en gros, de sa spiritualité. Car quand une personne se découvre, ses yeux s'ouvrent, elle comprend et réalise beaucoup de choses ; elle commence à revendiquer, à s'imposer. Elle cesse d'être moins que rien, c'est-à-dire esclave, subalterne... Mais alors, comment parvenir en réalité à bloquer un Homme, quand le bon Dieu a donné le cerveau à tout un chacun pour réfléchir ? Encore et surtout que ce cerveau est très indispensable pour la construction du monde, pour l'atteinte des objectifs partiellement ou entièrement bénéfiques au monde et à soi ?

Le cerveau à la naissance est comme la mémoire d'un ordinateur neuf : c'est-à-dire vierge. Ce cerveau qui tourne sans cesse à la recherche des connaissances et de la compréhension du monde, a besoin de stockage. Que stocker donc comme informations ? Comment orienter et canaliser sa manière de penser ? Sachant qu'il y aura toujours et à coup sûr des personnes qui parviendront à échapper à ces programmes d'esclavagistes, il y aura quand même bon nombre qui suivront la cadence. Ainsi, l'Homme prendra toujours le dessus sur l'Homme. D'où les enseignements guidés, orientés et universels : À chacun sa compréhension et son discernement. L'Homme a tout trouvé dans ce monde, s'en est approprié afin de céder en contrepartie des numéraires : l'air, l'eau, la végétation, le pétrole, le gaz, le sable, le sel, la terre, les animaux, les pierres, les mines… même le simple renseignement ou information. Accordant ainsi de la valeur à l'argent et à toute autre unité de change. Il y a donc de quoi se poser des questions sur ce qui se donne "gratuitement" ou sous forme "d'aide" avant de l'accepter et de le prendre.

À observer le monde, on peut constater que chaque chose et son contraire existent. Et pour chaque stratégie mise en place, on peut avoir des stratégies autres pour les contrarier et même les renverser. Mais triste est de constater que lorsqu'on est sous l'emprise d'un gourou, on compte sur ce même gourou pour pouvoir s'en sortir. Comme pour dire que celui qui a un cœur de domination peut avoir un cœur de tolérance et de pardon. Autrement dit, c'est le méchant qui est bon.
Espérer une délivrance de son oppresseur, c'est comme demander à un Lion affamé de ne pas le dévorer. Qui est fou, le lion ou la proie ?

Habituellement, j'aime dire : le poison et l'antidote se trouvent sur cette terre. C'est-à-dire ce qui tue et ce qui sauve, sont bel

et bien dans ce monde, mais est-ce à dire que c'est du deux en un ? C'est donc peine perdue que de cibler d'où vient le mal pour espérer avoir une aide quelconque au lieu de développer des stratégies pour s'en sortir soi-même. Certains pensent qu'il faut absolument un coup de pouce pour arriver au bout de leur rêve et de leur mission. Ce qui n'est pas erroné, mais ça s'appelle remettre son avenir entre les mains des gens. Il n'y a rien de plus fatal que de vivre au dépend des autres.
Il faut toujours :

1. Fournir des efforts personnels ;
2. Mettre son énergie ;
3. Accepter l'endurance ;
4. Avoir sa vision ;
5. Faire preuve de persévérance ;
6. Faire preuve de sacrifice ;
7. Avoir de la détermination ;
8. Avoir une certaine discipline ;
9. Garder son honnêteté ;
10. Développer sa technique ;
11. S'enrichir de savoir ;
12. Découvrir et mettre à profit son talent ;
13. Se battre à réaliser son rêve ;
14. Avoir de la patience ;
15. Vivre de son travail ;
16. Maintenir sa générosité ;

17. Développer et garder son intégrité ;
18. Avoir de l'humilité ;
19. Avoir une confiance personnelle ;
20. Avoir la conviction...

- Il faut toujours garder à l'esprit que c'est ce que tu es et ce que tu fais, qui mettent la nature en accord vis-à-vis de toi ou pas.
- Il faut savoir se priver des besoins de l'instant pour assurer l'avenir, celui de ta progéniture et même des générations à venir.
- Quand tu es à la recherche du succès, tu parais comme
  - Un rêveur ;
  - Un aventurier ;
  - Une personne qui ne sait pas ce qu'elle veut...

Chacun te juge et juge tes projets selon sa vision de la vie et son jugement de ta personne : tu es incompris(e). Si alors tu n'as pas les moyens de ta politique, c'est grave. Tu seras abandonné(e) de tous. On trouvera en toi quelqu'un(e) qui parle sans jamais réaliser. Mais ne cédant pas aux conseils de nature à te décourager, du genre (tu ne peux pas, laisse tomber, ne sois pas rêveur, tu comptes sur quoi et sur qui...) Bref, ne cédant pas au pessimisme et à la peur que les autres essayent de te transmettre, tu te battras corps et âme pour enfin réaliser ce qui habite ton imagination et ta détermination. C'est ainsi que tu t'attireras des jaloux, des haineux, des personnes envieuses de toute classe sociale confondue. Il faut préciser qu'il n'y a pas un caractère réservé aux gens d'une classe sociale précise. L'être humain est le même qu'il soit pauvre ou riche : l'Homme est bon, l'Homme est mauvais.

De toute façon, personne ne saura ce que tu veux mieux que toi, personne ne comprendra ton rêve tant que tu ne le réalises pas. Il faut savoir s'éloigner des gens qui ont sans cesse des « conseils négatifs ». Toujours à employer la négation « ne... pas ». Le meilleur conseil est de dire ce qu'on peut faire que de toujours dire ce qu'on ne peut pas ou ne doit pas faire. Si tu t'éloignes de ces gens, tu te trouveras sans doute seul(e) ou avec un nombre très restreint de personnes positives et vraies. Mais il faut toujours garder à l'esprit que le plus important est de réussir dans sa vie au lieu d'être entouré des ondes négatives.

Être une personne négative, ce n'est pas forcément être une personne de mauvaise foi, mais c'est être une personne qui peut avoir ou a un impact négatif sur les autres. C'est être cette personne qui tire les autres vers le bas. Ça peut être inconsciemment, mais ça reste de la négativité. Il faut travailler sur sa personnalité afin d'être une personne positive. Ce n'est pas parce qu'on ne comprend pas le projet de l'autre qu'il est irréalisable. Sachons encourager et trouver des solutions au lieu de critiquer et de se moquer.
Si tu ne sais pas rêver grand, encourage ceux qui rêvent grand à réaliser leur rêve. Comme l'enseignant qui te dit jusqu'où

l'école peut t'amener pourtant lui-même n'est pas arrivé jusque-là. Il motive juste ton rêve et crée en toi une vision. Le pouvoir réel de ce monde est en l'Homme.

Ce qui donne et valorise le pouvoir, c'est la connaissance et sa mise en pratique, ainsi que ses résultats qui procurent :

1. La richesse ;
2. L'aisance ;
3. La confiance en soi.

La connaissance de soi est en chacun de nous. Car, personne ne peut savoir ou te dire qui tu es. C'est à toi de te connaître, te fabriquer et te dévoiler au monde. On peut parler de l'être humain dans sa globalité, mais pas de toi dans le fond. C'est la peur, l'ignorance et le doute qui nous font accepter ou croire que quelqu'un peut nous connaître ou alors, nous connaît mieux que nous.

La connaissance qui vise à vous propulser est un secret absolu. La partager c'est comme livrer son secret aux potentiels concurrents ou adversaires car il faut bien le néant pour valoriser l'excellence. Comment donc livrer gratuitement le secret de l'accès au paradis ? Il y a des connaissances qu'en partageant, tu mets ta vie en danger, tout simplement parce que tu éveilles les esprits endormis. Donc il faut toujours se poser de bonnes questions avant de vénérer ce qui parait, beau, simple, très facile et surtout gratuit. Le mal se trouve où l'on ne peut l'imaginer...

Tu le fuis à l'extérieur, ça te coince à l'intérieur. Tu le fuis à l'intérieur, ça coince à l'extérieur. Aux problèmes locaux, les solutions locales. Chaque endroit ayant ses réalités.

I. C'EST QUOI LA RÉINVENTION DE SOI?

La réinvention de soi est en fait la renaissance ou la reconstitution de soi. La reconstitution de soi qui est ce moment où l'on décide de refaire sa vie ou de recommencer à "zéro", bien qu'en réalité le point zéro n'existe pas, car la vie est une continuité de faits, de cession et de succession de choses. Le sentiment d'être en train de recommencer à zéro, dépend principalement de ce qu'on a dû endurer et traverser jusqu'au moment où on décide de se reconstituer de nouveau : de se réinventer. En effet, chacun de nous naît dans un monde qu'il ignore à la base, son entourage l'influence, la société fait de lui ce qu'il devient, ensuite vient un moment de prise de conscience personnelle de son existence.

D'où les questions sur son existence. Ce moment auquel on sait si on a été orienté vers de bons ou de mauvais choix de vie. En général, il est rare dans la vie de trouver des personnes qui, après avoir suivi l'orientation de base imposée ou conseillée par leurs encadreurs (parents, enseignant...) se sentent vraiment dans leur être réel, leur destinée, leur mission de vie. Beaucoup estiment toujours qu'ils valent mieux, certains ont même le sentiment d'avoir échoué dans leur vie. Ils se sentent coincés parfois, estimant que l'âge ou le niveau où ils sont déjà, ne leur permet plus d'oser, de recommencer, d'opter pour un nouveau chemin, une nouvelle vie. Ce qui les pousse à :

- Subir la vie au lieu de la vivre ;
- Prendre leurs situations pour des sorts ;
- Envier ceux qui, selon eux, sont le modèle de ce à quoi ils aspirent, sans toutefois oser, bien que parfois ces soi-disant modèles soient eux aussi coincés dans leur engrenage et n'arrivent plus à s'en défaire, tout en étant condamnés à présenter des apparences joyeuses et trompeuses…

Il est très important de rappeler que parfois

- Vous enviez des gens qui vous envient aussi ;
- Vous admirez leur place quand ils admirent la vôtre ;
- Vous enviez leur vie quand ils envient la vôtre ;
- Vous les trouvez épanouis quand ils vous trouvent libres…

Des gens souffrent souvent dans leur chair, pourtant l'aspect visible de leur situation et de leur mode de vie laisse à désirer. Mais pourquoi rester condamné au paraître ? Il y a pourtant un adage qui dit : « tant qu'il y a la vie, il y a l'espoir ». Les seules choses sensées rendre impossible votre devenir sont : la folie et la mort. Tant que vous réalisez à chaque instant que vous êtes vivants avec vos facultés mentales en place, dites-vous que tout est encore possible, que vous pouvez vous réinventer, peu importe votre handicap. J'ai opté pour l'écriture au moment de ma vie où j'avais une douleur atroce au niveau de la région lombaire. Couchée, assise, debout, j'avais mal et je ne pouvais rien faire. Pourtant, ce qui me permettait de gagner un peu d'argent à ce moment était la coiffure, qui est un travail physique.

Ne pouvant rien faire, j'ai donc décidé de faire de petits placements et d'investir dans les projets des autres. Choses qui ne m'ont pas souri à cause de la crise sanitaire qui se vivait à ce moment précis. J'essayais à chaque fois de me réinventer afin de me situer par rapport aux réalités, mais sans succès. Un jour, je me suis dit, tout peut me trahir, sauf mes connaissances et mon raisonnement. C'est ainsi que j'ai commencé tout simplement à écrire à chaque fois mon quotidien. Pour enfin parvenir à la réalisation de ce premier livre qui est loin de parler de mon quotidien. Aujourd'hui je vais bien et je m'investis dans l'écriture. Car j'y ai trouvé un plaisir, une passion. Se réinventer, c'est aussi se situer par rapport à la réalité et savoir saisir les opportunités.

II. POURQUOI SE RÉINVENTER?

On se réinvente quand on estime que notre train de vie nous empêche d'être heureux. Qu'on gagne bien notre vie ou pas, qu'on soit entouré par des gens bien ou pas, la simple incompatibilité est suffisante pour entacher notre quotidien de stress et d'angoisse. Souvenez-vous toujours qu'on vit à la recherche sans cesse du bonheur, à la recherche d'un lendemain meilleur et d'un avenir glorieux ; la recherche de l'aisance et de la paix intérieure. Ce qui passe par le succès.

Cependant, concentrer ses efforts dans un domaine spécifique et y avoir du succès, rend fier. Mais est-ce que ça rend heureux ? Le succès total est différent du succès partiel. Pour moi, le succès n'a de sens que lorsque la personne à succès est heureuse. On n'a qu'une seule vie, mais dans cette vie, on a cinq vies indissociables qui sont :

- La vie familiale ;
- La vie sociale ;
- La vie spirituelle ;
- La vie personnelle ;
- La vie professionnelle.

En évoluant simultanément dans ces cinq vies, on est absolument heureux au long de sa vie. En réussissant dans ces cinq vies, on est fier de soi, heureux, plein de gratitude au soir de sa vie. C'est là où l'on se dit : « Dieu m'a tout donné ».
L'erreur est que même nos parents, pour ne pas citer la société, nous éduquent beaucoup dans le sens du succès social de nos jours. Avant, l'accent était penché sur le succès familial. Mais de plus en plus, les gens souffrent parce que, ce vers quoi ils s'enfoncent, s'investissent à fond, n'est malheureusement pas ce qui fait essentiellement le bonheur. Mais cela contribue, au cas où on parvient à faire tout ce qui va avec. La société nous

fait courir, nous fait rêver, en nous présentant l'abondance matérielle et financière comme étant le succès... À considérer même que ce soit un succès, la question à se poser est : procure t'il le bonheur ?

La société présente ce qui l'arrange. Car avoir beaucoup d'argent a un impact très considérable sur la société plus que la personne en elle-même. Imagine que tu aies de l'argent en banque ; des millions. Ce qui fait de toi un millionnaire. Et pendant que ton argent est gardé tu dors tranquille, tu sais que tu es à l'abri du besoin. Mais dans quel coffre bancaire est scellé ton argent ? Ton argent sert donc à faire tellement de choses, à enrichir tellement de personnes… y compris l'État. D'où la valorisation sociale du succès ou la richesse économique et monétaire. Car un opérateur économique à travers ses entreprises, a un impact très important sur la vie des familles, des autres business, du gouvernement… D'où l'intérêt de la société de savoir valoriser la richesse financière et matérielle.

Le succès partiel peut garantir et apporter la richesse matérielle et financière, mais la richesse matérielle et financière ne garantit pas le succès total. On peut hériter de la richesse matérielle et financière, mais on n'hérite pas du succès. C'est pourquoi beaucoup d'héritiers font faillite. Les plus intelligents mettent les entreprises sous la gestion de trusts. Par ailleurs, on peut gagner des millions dans les jeux de hasard, mais on ne gagne pas le succès. C'est pourquoi beaucoup de gagnants de loto retournent à leur point de départ au bout d'un moment.

On peut s'emparer illicitement, facilement ou diaboliquement de la richesse matérielle et financière, mais pas du succès. Car le succès se mérite, sa devise est : travail-endurance-patience. Le succès est la victoire d'un long parcours solide, rempli de :

- Bataille ou challenge personnel ;
- Expérience que certains appellent échecs ;
- Endurance que d'autres diront souffrance.

C'est aussi le résultat d'un travail d'équipe car, l'union fait la force... C'est pourquoi l'ennemi aime diviser. Une personne qui entre dans ta vie, et a l'art de te séparer des autres, peu importe ce que tu trouves en cette personne (amour, amitié…), observe là de près, car la tactique numéro un d'un destructeur est de diviser ; d'isoler sa proie afin de l'avoir à sa portée.

Certains engrenages dans lesquels nous entrons deviennent des vices et des opposants de notre succès. Cependant, le désespoir, la peur, la paresse, l'échec... imposent l'attente infinie d'un éventuel miracle, car l'illusion apaise.

III. QUAND SE RÉINVENTER?

À partir du moment où :

- Vous estimez que la vie que vous menez n'est pas la vôtre ;

- Vous avez de la peine à être heureux et à vous adapter à vos choix de vie ;
- Vous essayez chaque jour d'être meilleur, mais sans succès ;
- Vous êtes impliqué dans des engagements que vous ne devriez pas ;
- La vie semble ne pas vous offrir ce que vous espériez ;
- Vous ressentez en vous que vous évoluez dans le sens contraire de notre destin ;
- Malgré votre effort pour surmonter les difficultés de la vie, vous êtes tristes au fond de vous : votre âme est triste. Vous devez prendre la décision ferme d'essayer des actions nouvelles, ciblées et bien muries, permettant ainsi d'aboutir à ce que vous estimez meilleur pour votre bonheur. Comme le dit un dicton : « si tu veux ce que tu n'as jamais eu, fais ce que tu n'as jamais fait ». Autrement dit, de nouveaux résultats imposent des actions nouvelles.

En réalité, il n'y a pas d'âge spécifique pour cette prise de conscience. Cela varie d'une personne à l'autre. Chez certains, c'est beaucoup plus jeune, chez d'autres, c'est beaucoup plus vieux et d'autres meurent sans jamais prendre conscience de leur existence. Avec l'influence de la société qui joue de près ou de loin sur notre devenir, peu importe :

- Les choix de vie qu'on se fait jusqu'à un moment donné de notre existence, il est très important de savoir qu'on peut toujours se refaire

- Ce que l'entourage nous dit, ou nous fait croire, sachez qu'il y a toujours moyen de rebondir. Cela impose juste la volonté et l'action.

Dès que la volonté y est, la détermination doit suivre, ensuite l'action et la conviction que les choses peuvent changer. Il serait donc important, afin de maintenir le sens de motivation, de parler de cette catégorie de personnes plongée dans le désespoir à cause de leur choix de vie à un moment donné de leur vie, peu importe les raisons. La bonne nouvelle, c'est que vous pouvez vous reconstituer : vous réinventer. Car, si vous vous posez des questions, cela veut dire que votre intuition ou votre fond intérieur vous parle.

Prenez toujours la peine d'écouter cette voix intérieure, cette voix qui vous parle au fond de vous. Qui vous interpelle de temps en temps, et vous ramène toujours à la raison. Cette voix qui vous dit attention, qui vous demande de rebondir, de changer votre choix de vie… il faut souvent l'écouter.

IV. COMMENT SE REINVENTER?

Comme tout, il y a des étapes à traverser pour arriver à la Renaissance :

- La première est de se sentir mal en point dans son choix de vie.

Car si vous vous sentez bien, le désir de renaître ne saurait s'installer. Tout au contraire, ce serait le désir d'aller beaucoup plus loin dans ce que vous êtes déjà en train de faire. Tant que vous êtes confortables, vous allez juste vous battre pour être plus confortables. Vous n'aurez pas le désir de changer quoi que ce soit, mais plutôt de vous améliorer. Mais quand on se retrouve dans une situation inconfortable, une situation déshonorante, situation de perdition, l'envie de sortir de là et de passer à autre chose s'installe.

- La seconde est que, pour se reconstituer, il faut d'abord passer par une prise de conscience de sa situation. En fait, les gens se sentent très souvent coincés dans leur vie, sachant bien ce qui serait meilleur pour eux, mais craignent juste de « recommencer », peur d'échouer. Généralement, ils sont effrayés par leur passé et par l'avenir pourtant le présent ne leur convient pas. Pourtant en réalité, on ne recommence jamais dans la vie : la vie étant une continuité, on apprend plutôt de ses erreurs. Admettre qu'on recommence sa vie à zéro c'est :

    - Dire qu'on n'a rien retenu ou bénéficié du passé ;
    - Faire croire que l'horloge fait des allers-retours ;
    - Admettre que, le temps peut faire un retour en arrière ;
    - Affirmer que, tout comme la vie avance, elle peut aussi aller à reculons.

Quel sens donner à ce raisonnement ? Juste le qualifier d'illusion ! C'est tout comme l'échec. La vérité c'est qu'on n'échoue jamais dans la vie, mais :

- On apprend de la vie ;
- On apprend dans la vie ;
- On apprend pour la vie et pour soi.

En gros, on apprend toujours de ses erreurs. Le sentiment d'échec vient du fait de notre éducation et de l'influence de la société. Car, dès le bas âge, on nous a fait croire par notre éducation, surtout scolaire, que la vie est un jeu concours où le meilleur gagne, et qu'on reprend pour avoir échoué. Certes, on peut avoir des occasions manquées dans la vie, on peut ne pas être ou aller au même rythme que la masse, on peut même être allé dans le sens contraire de la masse, mais finalement, garder à l'esprit qu'on est unique et qu'on est dans un monde où c'est à chacun de se forger un chemin. Certes, on peut être assisté, mais pas toujours, ni pour toujours.

Si à l'école 1+1=2, sachez que certains ont réussi à prouver qu'en amour un plus un égal un, sans contestation aucune. Est-ce à dire que la vie suit donc une logique mathématique ou amoureuse ? Comment admettre qu'une chose et son contraire puissent avoir des sens complètement opposés, mais des logiques raisonnables et compréhensibles selon chaque contexte ? Et si on devait noter ces réponses sur 20 ou sur 100, l'une aurait-elle eu note sur note et l'autre zéro ? Sachant comme on le dit communément, « soit c'est ça, soit ce n'est pas ça ».

En effet, si on naissait avec la notice de la vie, on admettrait que oui, ne pas faire à la lettre ce qui y est mentionné, c'est échouer. Mais étant donné que chacun doit vivre en apprenant de ses erreurs, nous pouvons donc dire sans risque de nous tromper que l'école de la vie c'est l'ensemble des erreurs et des occasions manquées qui nous imposent de remettre notre existence et notre raisonnement en question, afin de prendre de nouvelles décisions plus favorables et meilleures pour l'avenir. Il est par conséquent bel et bien permis de :

- Faire et refaire ;
- Essayer un, essayer l'autre, essayer plusieurs ;
- Se démarquer peu importe le moment ;
- Se réinventer à chaque fois qu'on juge nécessaire…

Car la compétition dans la vie, c'est avec soi et par rapport à soi. Celui qui se projette par rapport aux autres peut réussir dans ça, comme il peut finir frustré et aigri. Mais celui qui chaque fois pense à être la meilleure version de lui-même et s'y met vraiment, a plus de chance de cueillir le bonheur et une paix intérieure. En fait, ce qui crée le désir et la décision de se réinventer c'est la quête du succès, la détermination de réussir et de gagner dignement sa vie, c'est-à-dire selon les règles de l'art : travail-endurance-percevant-patience-discipline.

V. LA PATIENCE

La patience est une grande vertu. Qu'importe :

- Les objectifs que vous vous fixez ;
- Les attentes que vous vous imposez ;
- La détermination que vous cultivez en vous ;
- Le chemin que vous vous créez ;
- Les peines et les sacrifices que vous endurez ;
- Le rejet familial et ou social ;
- Les incompréhensions auxquelles vous faites face ;
- Les manques à gagner…

Vous vous devez de cultiver en vous l'art d'avoir la patience. Car nul ne peut précipiter le temps. Et seule la patience finit par donner raison au temps. Attention, avoir de la patience n'est pas synonyme d'être lent dans ses agissements, encore moins, de faire de la paresse.

Il faut toujours faire au maximum, de manière efficace et efficiente ce que vous avez à faire, afin de laisser le temps agir. Cela s'appelle : « mettre les chances de son côté ». Car la vie aime et sait apprécier l'action. Agis toujours de façon à ne pas t'en vouloir au moment du résultat escompté.

VI. PETITE HISTOIRE

Mon fils Nolan avait 5 ans quand il m'a un jour dit, maman, je veux être grand comme mes oncles. Que faire ? Je lui ai dit pour être grand comme tes oncles, il faut bien manger les fruits, les légumes et les autres repas, boire beaucoup d'eau, du lait, des jus de fruit, bien dormir… Il m'a dit : donc si je mange bien, je serai grand ? Je lui dis oui, mon bébé. Lui qui n'aimait pas la nourriture a commencé à bien manger, boire et dormir à temps.

Parfois, il me disait, maman je n'ai pas envie de manger, mais je mange pour être grand et très intelligent comme mes oncles afin que vous cessiez de m'appeler bébé, mais plutôt tonton. Ainsi, je deviendrai aussi ton petit frère et ta grande mère sera ma mère. Au bout d'une semaine de pratique, il me dit, maman je suis fatigué.

- Je lui demande pourquoi ?
- Il me dit ; « depuis je mange suffisamment de fruits, légumes, je bois beaucoup de lait, d'eau, de jus, je dors bien… mais je suis toujours petit. Je suis fatigué, ce n'est pas vrai tout ça. Je ne veux plus manger ».
- Je lui ai dit, mon fils, tu n'as que 5 ans, tes tontons ont 15 ans, 19 ans et 21 ans. Prenons juste celui de 15 ans, tu as encore 10 ans devant toi pour être comme lui.
- Il me dit maman, 10 ans ce n'est rien, il suffit juste de compter de 1 à 10. Donc comptons ; tu dis qu'il a 15 ans.

J'ai 5 ans, donc il manque 6, 7, 8…15. Nous sommes le quantième maman ?

- Je lui donne la date.

En fait, selon lui, il n'y avait que 10 jours qui le séparaient de ses 15 ans. Le lendemain, il se réveille et me dit : maman hier tu m'as dit qu'il manquait 10 ans pour que je sois comme tonton,

- Je dis oui mon bébé.
- Il dit hier c'était lundi.
- Je dis oui.
- Il dit, aujourd'hui c'est mardi.
- Je dis oui papa.
- Il dit c'est moins 1 donc il manque 9, demain il va manquer 8, après-demain il va rester 7 ainsi de suite jusqu'à 0, et je serai grand. Maman nourrit moi, j'y suis presque, je serai grand comme tonton.
- Je l'ai regardé, essoufflé, j'ai dit ok.

Les jours sont passés il a fini de compter jusqu'au jour 0. Il court se regarder dans le miroir, il dit : maman, vient.
J'y vais,

- Il dit maman, je suis toujours petit, pourtant tu m'as dit que je devais être grand comme tonton
- Je lui ai dit oui tu le seras.

- Il me dit non, je ne le suis pas, pourtant j'ai fait tout ce que tu m'as demandé de faire, je suis toujours petit. Maman, je suis découragé, je ne vais pas cesser de manger
- Je lui ai dit. Mon fils.
- Il dit oui maman, je suis triste…
- Je lui ai dit tu étais à l'école aujourd'hui ?
- Il dit oui maman.
- As-tu vu tes camarades ?
- Il dit oui maman je les ai vus et il se mit à me citer les noms…
- Je lui ai demandé, quels âges ont-ils ?
- Il me dit 5 ans et 6 ans.
- Je demande comment sont-ils ?
- Il dit : ils sont petits.
- Je lui demande comme qui ?
- Il dit comme moi.
- Tu sais pourquoi ?
- Non…
- Parce qu'ils ont ton âge et que les enfants de ton âge sont tous comme eux. Lequel d'entre eux a la taille de ton oncle ?
- Il me dit : personne.

- Je dis sais-tu que grandir c'est le temps, la patience et les années ?
- Il me dit, maman tu m'as dit que je serai grand si je mange et dors bien.
- Je dis oui tu dois bien manger et bien dormir chaque jour pendant longtemps. Tout ce que tu as à faire c'est de profiter de ton enfance, être intelligent, écouter maman, tes enseignants, respecter tout le monde, être heureux. Le reste viendra avec le temps.
- Il m'a dit ok maman, donc ça me prendra beaucoup de temps ?
- Je lui ai dit beaucoup, exactement comme ça a pris à tonton pour qu'il soit comme ça.
- Il me dit, donc tonton n'est pas né grand comme ça ?
- Je dis non.
- Il dit, ne me dit pas qu'il a été bébé.
- Je lui dis si, tout le monde naît bébé avant de grandir
- Surprise, il s'exclame : quoi ?!
- Je lui demande, es-tu né comme tu es ?
- Il me dit non, pas du tout maman j'ai été bébé, si j'étais grand comme ça, comment serai-je sorti de ton ventre ?
- Je lui ai demandé, c'est donc le ventre de qui, qui peut porter quelqu'un comme tonton ?
- Il a éclaté de rire…et a dit personne.

- J'ai dit ok. Sache donc que grandir est un long processus. Et tout dans la vie est un processus.
- Il me dit maman, tu es très intelligente, je souhaite être autant intelligent que toi, je t'aime maman. Je suis fier de t'avoir choisi comme maman (en fait j'ai l'habitude de lui dire merci de m'avoir choisi comme maman).
- Et je lui ai dit, mon fils, tu es mon fils, tu es moi, ce que je suis, tu l'es donc tu es intelligent. Sois fier et fais toujours confiance à maman. Toutes ces questions, poses-les moi, car je sais que ça court beaucoup dans ton cerveau.

En fait, cette manière de penser que tout s'acquiert du jour au lendemain est le trouble primordial qu'ont plusieurs personnes, surtout quand elles sont jeunes : Avoir 5 ans et vouloir être exactement comme quelqu'un de 15 ans du jour au lendemain. D'où la question courante : « On fait comment pour être comme toi ? ».

VII. MORALITÉ

Quand tu vois une personne face à toi, avant d'analyser ce qu'elle est et ce qu'elle a, cherche d'abord à comprendre d'où elle vient, par où et par quoi elle est passée, en combien de temps, l'endurance, les épreuves, les occasions manquées… et surtout savoir que tu n'es pas cette personne. Donc vous pouvez emprunter les mêmes chemins et avoir des résultats différents. Le succès a toujours été, est, et sera toujours

échelonné. Rêve grand, mais mets en place des petits projets réalisables qui te permettront d'atteindre ton objectif final, non seulement par des moyens financiers, mais aussi et surtout avec beaucoup d'expériences.
Il faut garder à l'esprit que :

- L'école de la vie c'est la vie ;
- La croissance spirituelle va des combats spirituels.

Tout comme, on se forme en entrepreneuriat par l'entreprenariat. La grandeur ou toute élévation, est le fruit de rudes épreuves. Plus ces épreuves sont rudes, plus l'élévation à la suite de ces épreuves est grande. C'est pourquoi il est très important de toujours commencer avec le minimum de moyens possible.

La vie n'a pas de ligne d'arrivée, donc si tu engages la vitesse, tu vas t'essouffler, t'évanouir et prendre plus de temps pour te remettre, reprendre le souffle, te reposer afin de commencer de nouveau, non plus à courir, mais à marcher. Si tu as la chance d'être encore en vie. Il y a un adage qui dit : « celui qui est pressé doit s'avancer ». Quelqu'un m'a dit : « je préfère vivre heureux et mourir jeune ». J'ai ri et je lui ai demandé, parce que tu penses que cette mort-là sera ta mort naturelle ?
Le problème majeur de la vie c'est que la vie a été orientée dans le sens du matériel. L'on tend à valoriser, privilégier et même protéger le matériel que l'espèce humaine. L'éducation nous apprend à plus penser à la réussite matérielle et financière.

Voilà matérialisée la réussite de l'être humain. De sorte que pour être une personne respectée ou respectable, il faut avoir une richesse matérielle et à cause de cette richesse matérielle, on a cultivé en nous l'esprit de concurrence dès le bas âge.

Cela commence à l'école. On nous apprend qu'il faut être premier. C'est vrai, c'est bien. Mais premier par rapport à qui ? Bien évidemment, par rapport aux autres. Ainsi naît et se cultive l'esprit de compétition, de concurrence, de jalousie, de défi, le sentiment de supériorité pour certains et d'infériorité pour d'autres. L'on devrait pourtant chercher à être meilleur par rapport à soi-même, car en réalité la vie n'est pas une compétition. Votre seul adversaire dans la vie c'est vous-même. Certains au lieu de se démarquer, préfèrent tirer les autres vers le bas. Afin de toujours avoir moins qu'eux. S'ils sont dans le trou, au lieu de batailler pour s'en sortir, ils préfèrent batailler pour tirer et enfoncer les autres en dessous d'eux, afin qu'ils soient non seulement dans le trou avec eux, mais qu'ils soient au fond du trou par rapport à eux. Voilà la négativité qui résulte de cet esprit de concurrence à la fin. Mais alors, c'est quoi la ligne d'arrivée dans la vie, si ce n'est la mort ? À quoi ça sert donc de courir ?

TROISIÈME PARTIE

VENDS-TOI !

CHAPITRE I. BON À SAVOIR

La connaissance, le talent, le savoir, ne suffisent pas pour être à l'abri du besoin, et être heureux. Au-delà des dons de Dieu et du cumul de nos formations, il faut savoir se vendre. Oui vends-toi :

- Vends tes services ;
- Vends tes dons ;
- Vends ton talent ;
- Vends tes connaissances ;
- Vends ton savoir ;
- Vends ton temps…

Car la société actuelle n'est plus celle d'il y a dix, vingt, trente ans, voire un siècle, pour ne pas dire des milliers d'années. Pour se vendre, il faut convertir ses dons, son talent, ses connaissances, son savoir en valeur vénale. Il y a des siècles, il existait le troc, c'est-à-dire l'échange d'un bien par un autre bien, d'un service par un autre service, d'un bien par un service et vice versa. De nos jours, ces échanges de biens et de services sont quantifiés et évalués en numéraires.

Les services sont quantifiés en termes de temps (honoraires, périodes…) Les biens sont quantifiés sur la base des critères multiples et variés. Bref, tout se vend. Et même les éléments de la nature sont vendables par celui qui sait l'exploiter. Être riche n'est pas seulement une question de savoir en général, mais aussi de mise en valeur de son étoile et de savoir commercialiser. Savoir vendre ses services, savoir vendre le renseignement, savoir commercialiser tout ce qui est susceptible de survenir aux besoins des autres. C'est ça gagner de l'argent, c'est ça valoriser ses connaissances, son savoir, son talent, son temps, c'est ça imposer le respect des autres, c'est ça se donner de la valeur. Car il n'y a pas de valeur zéro ou gratuite.

La connaissance de soi n'est pas le « savoir commercialiser », le « savoir vendre ou savoir se vendre ». La connaissance de soi étant juste une étape vers le bonheur, tu peux tout connaître, mais si tu ne sais pas les vendre, tu seras sans argent ; pas pauvre, car tu es déjà riche naturellement, mais tu ignores juste comment convertir tout cela en argent. Il y a des gens pétris de talents, de dons, de connaissances, d'aptitudes, surdoués, mais qui ne savent ni vendre, ni se vendre, ni se donner de la valeur. Sache que si tu ne sais pas te vendre, tu seras exploité et méprisé, ainsi vont se créer la frustration, l'amertume et l'aigreur. Certains racontent leur histoire, leur vie, dans la rue, via des post sur des réseaux sociaux, partout et à qui veut les entendre, pourtant d'autres le font dans les livres, les journaux, les salles de conférences, les salles cinémas via des films, de la musique... D'ailleurs, il est très important de se former en marketing, négociations, ventes... afin de jeter son hospitalité pour céder place au business...

Ce qui consiste à faire profiter aux autres ses dons et services, tout en vivant soi-même de ces dons et services. On a tous des dons et chacun est juste libre de monétiser les siens ou pas. Arrêtez de demander de l'argent aux gens, mais cherchez plutôt en vous, au plus profond de vous, le don et talent que vous avez. Travaillez dessus, développez-les et vendez-les. Vendez votre temps, votre énergie, vos créations, votre travail. Car en réalité, le don est juste la matière première ou ressource naturelle, qui exige du travail, de l'endurance et surtout de la patience pour être mis à profit. Donc oui, vous devrez bénéficier et même jouir des fruits qui découlent de vos dons et talents. Arrêtez de demander les récoltes des autres, mais :

- Chercher plutôt en vous votre semence ;
- Arrosez-la ;
- Faites-la germer ;
- Continuez d'arroser tout en la protégeant ;
- Récoltez ses fruits ;
- Et enfin, vendez votre récolte.

Même Dieu ne donne pas tout, il met en toi la semence, te guide afin que tu cherches par toi-même ce que tu désires pour qu'ensuite il te donne ce que tu mérites. Donc mets-toi au travail avec beaucoup d'ardeur et de conviction.

Même s'il y met un bonus incroyable, c'est parce qu'il a vu le poids de ta souffrance, de tes efforts et de ta détermination. Ce qui est marrant, c'est que la société reconnaît certes les dons, mais ne respecte et ne considère comme crédible que celui qui sait se vendre. Plus les enchères sont élevées, plus le respect et la crédibilité suivent. Sont méprisés ceux qui laissent tout le monde avoir accès à eux, c'est-à-dire à leur don, ceux qui livrent tout gratuitement. Ce sont eux que la société classe très vite comme pauvres et précaires… Donc celui qui n'a rien à offrir à la société, celui qui est en demande, c'est celui qui est dans le besoin.

CHAPTRE II. VENDS-TOI

Économiquement, la pauvreté c'est le manque d'argent. La pauvreté, c'est le fait d'avoir un actif très faible ou néant, avec ou sans passif plus ou moins élevé. Vendez votre récolte, ainsi vous serez fier de vous-même et de votre travail. Si vous partagez gratuitement votre récolte, vous serez misérables, découragés et cela diminuera progressivement votre capacité, votre performance. Vous finirez triste, pauvre et malheureux, voire aigris avec trop de rancœur envers ceux qui ont profité gratuitement de vos fruits.

Certaines personnes sont très insultées, pas parce qu'elles n'ont rien ou ne savent rien, mais parce qu'elles ont tout, savent tout, mais ignorent comment se vendre et vendre leurs ressources… le monde ayant cédé son pouvoir et sa puissance à l'argent. Il est temps de savoir commercialiser ses dons, sa connaissance et ses ressources. C'est être peu crédible ou pas du tout crédible, lorsque :

- On raisonne le ventre vide ;
- On tend à conscientiser les poches vides ;
- On prêche aux gens plus aisés que soi.

Comment être pris au sérieux ? Une fois que tu sais qui tu es, où tu es, tu peux te réinventer afin de te vendre et embrasser le succès qui impose le bonheur et l'aisance. Celui qui se vend est plus respecté et plus respectable que celui qui s'offre ou offre ses services gratuitement. Plus les enchères sont élevées et de valeur hors normes, plus l'on est pris au sérieux, par conséquent intouchable et plus recherché. Car l'on valorise tout ce qui est difficilement accessible. Au mépris de ce qui est à portée de main, pénétrable et sans rigueur. Ainsi, vous pouvez développer autour de votre personne, autour de votre talent, autour de vos dons tout un empire. Afin d'être considéré, pas à hauteur de vos talents, mais par rapport à votre richesse et inaccessibilité.

PARTIE 4

TRANSMETS TES VALEURS

TRANSMETS TES VALEURS

Nous vivons dans un monde où la logique est la cession et l'héritage. Les gens ont vécu là avant nous, beaucoup y vivent avec nous et d'autres y vivront après nous. Dès notre venue dans ce monde, nous avons trouvé d'immenses œuvres de nos prédécesseurs, nous y avons mis notre touche, afin de céder aux autres pour une éternelle continuité. Telle est la logique de la vie, car personne n'est éternel. Sachant donc que chaque être humain est unique en son genre et que notre présence sur terre n'est pas le fruit du hasard, il est très important qu'après avoir découvert notre potentiel, nous le mettons en valeur, nous le transmettons par des formations et autres moyens, afin d'assurer un héritage. Cela dit, pour former les gens, arrêtez de garder vos talents et vos dons, secrets.

Des millions de personnes repartent avec des talents inexploités et non transmis. Mettez vos connaissances à profit, commercialisez-les, exploitez-les. Beaucoup ont gardé secret des formules et des connaissances qui auraient pu apporter une valeur ajoutée à ce monde, qui pouvaient sauver des vies, améliorer les conditions de vie de nombreuses personnes. Beaucoup sont dans la clandestinité avec des projets parce qu'ils avaient l'intention de les réaliser eux-mêmes, n'ayant évidemment pas les moyens de leur politique. Nombreuses de ces personnes ont cette touche particulière, ce petit secret pouvant leur permettre de réussir où plusieurs échouent, mais ne la transmettent pas.

Dieu a créé chaque Homme avec un ou plusieurs dons. Cherchez-en vous-même la personne que vous êtes vraiment. Qui peut vous apprendre « qui vous êtes » ?! Pas de livres d'ailleurs. Parce que chaque livre parle du général, pourtant vous êtes exceptionnel(le)s, vous êtes uniques. Cherchez-en vous-même ce qui vous rend uniques. Parler d'humanité, ce n'est pas parler de soi, même si on en fait partie et qu'on se sente concerné. C'est pourquoi chaque témoignage, chaque expérience, chaque histoire est unique, même si elles sont similaires. Les gens peuvent se ressembler, mais il n'y a pas deux humains identiques. Si Dieu peut créer des milliards de personnes qui sont chacune unique physiquement, c'est parce que même en nous, il y a des choses uniques et différentes, qui nous rendent spéciales.
Sachez que :

- Autant le monde se révèle à nous, autant nous devons nous révéler au monde.
- Autant le monde nous enseigne, autant nous devons enseigner au monde.
- Autant le monde s'impose à nous, autant nous devons nous imposer au monde.

Parce que le monde est simplement constitué des personnes autres que nous, qui comme nous ont besoin de donner et de recevoir. Certes, apprenez des autres (leurs connaissances), mais aussi et surtout, enseignez aux autres (vos connaissances). Votre inspiration peut aider, voire sauver un monde. Ce qui sauve, c'est la connaissance et le discernement. Une personne est considérée comme un prophète non seulement quand elle a la connaissance, mais surtout quand elle la partage. Nous avons tous une connaissance innée en nous, mais très peu la partagent. Pourquoi ?

Faites attention à ce que vous dites de vous-même, à ce que vous pensez de vous-même, à ce que vous acceptez d'être. Beaucoup préfèrent les enseignements, donc apprendre essentiellement des autres. Mais il faut savoir que le discernement est meilleur. Car chaque sujet, chaque idée, chaque déclaration, chaque enseignement sont permis d'être douteux. Si le doute est « interdit » dans les règles du jeu, il devient un dogme. L'intelligent a toujours des questions. Sachez transmettre vos valeurs. Enseignez aux autres votre expérience, ce que vous avez appris de la vie. Des erreurs et des pièges à éviter. Bref, partager des témoignages pour aider les autres à éviter certains pièges de la vie. Même si en réalité tout le monde a besoin de son expérience. En général, tout le monde pense, mais peu s'expriment. Et pourtant, l'expression de la pensée positive peut changer beaucoup de choses dans ce monde.

Le projet qui est en vous peut changer voire apporter un plus au monde. Si vous ne pouvez pas le réaliser, vous devez au moins le partager, quelqu'un peut le réaliser et changer le monde. Certains ont des idées, mais pas de moyens tandis que d'autres ont des moyens mais pas d'idées. La combinaison des deux ferait un tout.

ÉPILOGUE

En somme, Dieu a minutieusement créé l'homme. Pour comprendre la vérité, il ne faut pas avoir un enseignement privilégié. Il faut juste être cette personne qui pense que toute pensée a un sens et tous ceux qui y pensent ont leurs raisons, même si elle s'oppose complètement à d'autres opinions. Il faut toujours chercher à comprendre le sens et la véracité de chaque pensée que de la rejeter totalement sans même prendre connaissance de ladite pensée, et savoir que les mêmes pensées sont souvent dites de manière différente.

Ce qui nous éloigne parfois du discernement, c'est l'appartenance. Les gens se disputent le pouvoir de domination en soumettant des peuples au nom de cette vérité qui n'est nulle part qu'en toi, avec toi et partout où tu es. Tu portes la vérité sur toi et en toi. Tu marches avec la vérité à tes côtés, au-dessus de toi, et en toi, afin d'aller voir ton semblable pour qu'il te montre où est la vérité. Sachez que, vous montrer la vérité c'est vous rendre autonome, c'est activer vos pouvoirs c'est vous libérer, c'est vous rendre indépendant, tout en vous empêchant de revenir plus tard. C'est vous dire : « vous n'avez plus besoin de nous, de nos enseignements, de notre "aide", de vous soumettre… ». Soyez-en sûrs, vous tomberez, vous fléchirez, vous mettrez tous vos genoux au sol le jour où on vous dira : « voilà la vérité, voilà Dieu, voilà la lumière, voilà la vie ». Vous allez tous fléchir. Et vous comprendrez que OUI...vous avez pendant longtemps refusé de voir la vérité en face. Le jour où la vérité sera révélée les combats seront lourds, les attaques immenses. Les gens de mauvaise foi, les gens qui veulent vous soumettre à leur autorité, essayeront de manipuler la vérité comme toujours. Mais la révélation se fera de façon à vous permettre d'expérimenter vous-même la vérité. Beaucoup auront des témoignages, des choses qui se sont passées dans leur vie sans qu'ils ne les comprennent. Beaucoup auront des réponses aux questions qu'ils se posaient. D'autres auront des témoignages à venir. Aucune révélation inédite ne peut d'ailleurs être faite. Car tout a déjà été dit par ceux qui nous ont précédés.

Sachant que la spiritualité est la même hier, aujourd'hui et demain. Si Dieu estime que des prophètes ont été, des prophètes sont et des prophètes seront, de générations en générations, c'est tout simplement parce que chaque génération a fortement besoin de ces envoyés de Dieu. Les messages et les missions sont les mêmes. Car le but est tout simplement de faire connaître la vérité à son monde et leur venir en aide. Nous vous invitons au discernement, car les manipulations maléfiques ont été et seront davantage mises en place pour vous détourner de la vérité. Sachez que ce qui subit des modifications avec le temps vient des hommes et non de Dieu. Car Dieu n'a pas fait d'erreur pendant la création de ce monde. La créature veut défier son Créateur.

En gros, la devise de ce parchemin est : **CONNAISSANCE-DISCERNEMENT-SUCCÈS** : Lève-toi sur ta vie.

Postface

Ce livre a été rédigé dans le but d'éveiller toute personne désirant connaitre et comprendre la raison de son existence, afin de l'aider à renaitre et poursuivre sa mission de vie.

Ainsi, nous espérons avoir répondu à un maximum de vos questions intérieure, tout en contribuant à votre éveil et guérison spirituelle.

Vous pouvez laisser vos commentaires et vos questions sur notre web site **www.mirollmba.com**, nous prendrons le soin de vos répondre et de vous accompagner au besoin.

Vous pouvez également aider toute personne dépressive, voir prévenir la dépression en leur recommandant ou offrant comme cadeau ce manuelle.
Car **l'ignorance fait souffrir l'esprit et nous condamne à subir la vie.**

Enseignez la spiritualité à vos enfants, afin de leur permettre de se connaitre le plus tôt possible et de connaitre le monde dans lequel ils évoluent.
Car nous ne connaissons jamais quand est ce que prendra fin notre séjour sur terre.

On n'est jamais trop jeune ou trop vieux pour apprendre. Mais la compréhension dépend de la prédisposition de chacun et de son niveau d'élévation spirituel. Mais on finit toujours par comprendre. Car même la vie nous enseigne.

Ce livre vous a-t-il aidé ?

Le recommander contribuera à votre élévation.

L'offrir vous fera accédez aux bénédictions.

Car donnez c'est recevoir. Et puisqu'il est du genre à guérir et élever spirituellement, vous guérirez davantage tout en vous élevant spirituellement.
Car en spiritualité, « qui soigne, guérit » ; « qui élève, s'élève » ; « qui donne, reçoit »… telle une accumulation de karma positif.

Vous pourriez en témoigner.

BONNE GUÉRISON.

REMERCIEMENTS

Mes remerciements vont à l'endroit de ma mère ALICE NOUSSI qui a souffert de ma présence chez elle pendant mon éveil spirituel, ma connexion avec Dieu et surtout la rédaction de ce livre. L'ambiance n'a pas toujours été bonne, mais le résultat est là. Me permettre de m'isoler dans cette petite chambre m'a permis de remplir ma première promesse faite à Dieu après l'acceptation de l'appel. Cette promesse était de me dévoiler au monde à travers l'écriture, afin d'impacter un maximum d'âmes, de changer complètement de vie et de suivre ce chemin qui s'impose à moi : l'éveil d'esprit.

Je voyais la peine qu'elle avait de payer toute seule le loyer et autres charges, mais j'avais besoin de ce moment, de cette pause dans ma vie, j'avais besoin de soutien. J'avais l'obligation de faire ce premier pas, afin de trouver une paix intérieure.

Je remercie mon fils BRUCE NOUSSI qui, malgré ses 6 ans, a compris que je rédigeais un livre et donc j'avais besoin de consacrer un peu plus de temps à l'écriture. Il n'a jamais cessé de prier et de bénir mes œuvres. Il m'a toujours soutenu tant physiquement que moralement. Il est mon meilleur ami et mon ange adoré.

Merci à mes frères PERRIN NOUSSI, GILBERT FOTSO, HORTARIEN FOTSO, HERMANN KAMGA et ma sœur DONY MBA qui de près ou de loin m'ont toujours motivé et encouragé, voyant tout ce que je traversais, même s'ils étaient loin de comprendre exactement de quoi il en était réellement question.

Merci à SUZY TCHOMBA qui a toujours cru en moi et m'a toujours encouragé à poursuivre ma mission de vie. Car au vu de tout ce que j'ai traversé, beaucoup ont douté de ma santé mentale. Mais c'était la forte pression que l'ennemi mettait sur moi afin de m'empêcher de répondre favorablement à l'appel et suivre ma mission de vie. J'étais beaucoup troublée pendant cette période d'éveil spirituel, accompagnée des révélations fortes et des visions très troublantes.

Vivement, qu'au terme de la lecture de ce livre, vous puissiez avoir beaucoup de réponses à vos questions et vos préoccupations. Que votre âme et votre esprit puissent connaître la guérison totale, afin que vous puissiez vivre votre meilleure vie et profiter de votre liberté spirituelle.

Je vous aime…

MIROLL MBA, I SAID YES !

Table des matières

Les Éditions du MUNTU, Juin 2024
ISBN 978-2-492170-44-7

WWW.MIROLLMBA.COM

Made in the USA
Las Vegas, NV
28 July 2024

93060898R00144